汉译世界学术名著丛书

国际法上的领土取得

〔英〕罗伯特·詹宁斯 著

孔令杰 译

商务印书馆
创于1897 The Commercial Press

Robert Y. Jennings

THE ACQUISITION OF TERRITORY IN INTERNATIONAL LAW

Published by Manchester University Press,

Oxford Road, Manchester M13 9NR

中译本根据英国曼彻斯特大学出版社 1963 年版译出

汉译世界学术名著丛书
出 版 说 明

我馆历来重视移译世界各国学术名著。从 20 世纪 50 年代起，更致力于翻译出版马克思主义诞生以前的古典学术著作，同时适当介绍当代具有定评的各派代表作品。我们确信只有用人类创造的全部知识财富来丰富自己的头脑，才能够建成现代化的社会主义社会。这些书籍所蕴藏的思想财富和学术价值，为学人所熟悉，毋需赘述。这些译本过去以单行本印行，难见系统，汇编为丛书，才能相得益彰，蔚为大观，既便于研读查考，又利于文化积累。为此，我们从 1981 年着手分辑刊行，至 2018 年年底已先后分十七辑印行名著 750 种。现继续编印第十八辑，到 2019 年年底出版至 800 种。今后在积累单本著作的基础上仍将陆续以名著版印行。希望海内外读书界、著译界给我们批评、建议，帮助我们把这套丛书出得更好。

商务印书馆编辑部

2019 年 7 月

译 者 序

我岂敢在大师面前班门弄斧，又怎愿在经典之上画蛇添足！但是，作为译者，我必须向读者做几点必要的交代。

一、为什么要翻译本书

罗伯特·詹宁斯爵士所著的《国际法上的领土取得》一书出版于1963年，据查，在中国内地，仅国家图书馆和极少数高校的图书馆有此藏书。[①]然而，国内公开出版或发表的论著，但凡涉及领土问题，几乎无一例外地引用了这本国际法的经典著作，至少也会把它列入参考资料。至于作者们是否有机会通读它，是否了解书中对众多基本概念的界定和辨析，是否理解作者对某些难题的看法及其思辨过程，我们不得而知。然而，一般而论，除非我们无法获取原作，或由于其他原因无法通读全文，否则，最好不要转引。“道听途说”怎堪比“亲眼目睹”，不是吗？

① 1998年出版的《罗伯特·詹宁斯爵士文集》收录了该书（R. Y. Jennings, The Acquisition of Territory in International Law, in *Collected Writings of Sir Robert Jennings*, vol. 2, Kluwer Law International, 1998.）。

基于以上认识，为了让过去曾“转引”过此书的人有机会通读它，让尚未踏上“转引”道路的人自始便踏上“直引”道路，我们决定把它译成中文本并出版。

二、为什么要阅读经典

人们常说，要好读书，更要读好书。然而，推荐国际法经典书目并非易事，因为国际法历史悠久、内容丰富，而且，每个人均需要花点功夫才能找到属于自己的经典，速成的方法可能会适得其反。我在讲授国际法或领土法时，通常会让同学们问自己一个问题：《国际法院规约》第38条中的“权威最高之公法学家”到底是指哪些人？他们一般会努力地列举一串人名：格劳秀斯、普芬道夫、瓦特尔、惠顿、奥本海、劳特派特，等等。在这份历史积淀而成的名单上，有一个耀眼的名字，那就是罗伯特·詹宁斯。

某国际法学者曾告诫我，不要被权威们的睿智所征服，不要被经典论著的漂亮行文所折服，要始终保持批判精神，要敢于挑战权威，这样才有可能站在巨人的肩膀上往前迈进一小步。他还建议，如果你不知道从何下手，那就在读每一本著作的时候，都问自己一个问题：作者对国际法的学术贡献是什么？如果你自己实在回答不上来，你可以试试直接求教作者本人，也许，有时，那会是一个非常尴尬的时刻。

不论这种方法是否有用，我们都无法向詹宁斯爵士本人直接求教这个可能让人闹心的问题了。无论如何，我想，经典著作往往是权威们的成名作或代表作，如果他们对国际法和国际法治的发展有什么学术贡献的话，它们很可能就蕴藏在这些经典著作之中。

三、经典是怎样炼成的

《国际法上的领土取得》一书是詹宁斯教授1962年在曼彻斯特大学所做的五场系列讲座的讲稿的基础之上编撰而成的。①当时，他已即将步入“知天命”的年龄，在剑桥大学担任惠威尔国际法教授也有七年之久，正处在创作的“黄金时期”。这本小册子到底花费了他多少时间、精力和心血，我们不得而知，但从书中引用的案例、条约、著作、论文等资料，特别是从他对众多难题的定性、定位、思辨和论述来看，这无疑是相当大的。据说，他与瓦茨爵士(Arthur Watts)用时30多年才编撰而成《奥本海国际法》(第九版)。②所以，对人文社会科学而言，如果说聪明才智对创作经典是至关重要的，超乎常人的努力可能才是最不可或缺的。

沙卜泰·罗森(Shabtai Rosenne)毕生研究国际法院的法律和实践，他在国际法院成立六十周年时完成了《国际法院的法律与实践：1920—2005年》(五卷本)。③在这套经典著作的序言末尾，他引用了《伦敦星期日快报》中的一段话：“女人的角色：写作是一件孤

---

① C. Thornberry, Book Review: the Acquisition of Territory in International Law, *I. C. L. Q.*, vol. 12, no. 3, 1963, pp. 1051—1053.

② Rosalyn Higgins, “Sir Robert Yewdall Jennings 1913—2004”, in Pat Rogers ed., *Themes and Theories*, University of Oxford Press, 2009, p. 1001.

③ Rosalyn Higgins, Shabtai Rosenne and the International Court of Justice, Audiovisual Library of International Law of the U. N., http://legal. un. org/avl/ls/Higgins_CT_video_2. html.

独的事。多数作者需要独处，紧闭房门，独享深夜安静的时光。他们的妻子习惯了默默递上咖啡，他们的孩子习惯了秘密行动。”[①]

四、本书有何经典之处

人们常说，经典著作像坛老酒，越陈味越浓。在我看来，“老酒”的味浓并非只意在让人醉，而是要历久弥新，启迪后人。[②]《国际法上的领土取得》这本小册子不正是一坛不可多得的陈坛老酒吗？作者以涉及领土主权取得的核心要素和关键难题为主料，以相关法律原则、规则、方法为调料，以国际法的思辨方法作为操作规程，酿造了一坛国际法上的领土主权取得的美酒。[③]具体而言，我们似乎可以将该书的经典之处总结为如下四点。

第一，化繁为简，由粗入细。本书讨论的主题是国际法上最古老、最基础、最复杂、最敏感的问题之一。它涉及国家、主权、领土、领土主权、权源、领土的取得、存续和丧失、权源的创设和存续、权

---

① Shabtai Rosenne, *The Law and Practice of the International Court, 1920—2005*, Martinus Nijhoff Publishers, 2006, p. X.

② 在詹宁斯爵士的葬礼上，国际法院法官罗莎琳·希金斯(Rosalyn Higgins)指出：“他那本薄薄的小册子[《国际法上的领土取得》]……仍因其独到的分析而备受人们喜爱，而且它也体现了作者全方位考察有关问题的先见之明的能力。如今，在诉讼中，该书仍经常被引用(Rosalyn Higgins, Sir Robert Yewdall Jennings 1913—2004, in Pat Rogers ed., *Themes and Theories*, University of Oxford Press, 2009, p. 1001.)。”

③ 马科姆·肖恩教授(Macolm Shaw)曾对该书做了简评：“此书行文优雅且富有洞察力，并以极具启发性、通俗易懂但又非常深入的方式，分析了与国际法上的领土取得相关的主要问题(Macolm Shaw, Macolm Shaw on Robert Jennings's Acquisition of Territory in International Law, 20 November 1995, http://www.timeshighereducation.co.uk/162448.article [2014年10月访问])。”

源的强弱和优劣等基本概念，触及国际法治、使用武力、国际司法救济等国际法体系问题，关涉与领土主权取得相关的实体和程序国际法问题，涵盖先占、时效、割让、征服、添附、放弃、时际法、禁止反言等相关原则，既需要考虑领土的自然状况，也需要考虑有关国家针对领土实施的主权活动、签订的条约、作出的承认和默认等国家行为和意思表示，还涉及国家间的实力对比等政治因素。

面对这一千头万绪和纷繁复杂的主题，作者化繁为简，始终围绕领土主权的权源这一核心概念，明确了上述概念、原则、规则、方法之间的区别和联系；同时，作者由粗入细，详细分析它们在具体适用中面临的实际困难和现实问题。不论是化繁为简，还是由粗入细，本书的行文总是那么简洁明了、通俗易懂。所以，半个世纪后，它仍然是“关注当今世界中领土主张的认真的法学和政治学的学生们”的必读之作。[①]

我们不妨以历史权源的巩固理论为例加以说明。作者在明确界定权源的基础上，结合提出该理论的挪威渔业案及学界的观点，对历史权源的巩固理论进行了定性和定位。正如作者本人在质疑历史权源的巩固理论的作用时所指出的，该理论虽然可以在很大程度上简化有关问题，但国际法在领土主权权源取得上需要的恰恰是详细的描述，而不是一味地追求把问题简化。为此，他进一步讨论了权源的历史巩固与国际法上传统的领土取得方式在法理和适用上的共性和区别。[②]

① 见本·沃特利教授为本书英文版所写的序言。

② 详见本书第二章第三节和第三章。

值得一提的是，目前，历史性权利的概念在国内很火，不少人据之来论证我国对南海所享有的某种或某些权利。然而，某些学者的观点和说理令人感到非常困惑，因为他们似乎不清楚自己是在讨论权利还是权源，是在讨论领土主权还是海洋权利的权源，是在讨论本书中所界定的权源的历史巩固还是其他概念。[①]

第二，直击难题，逐层剖析。作者开门见山，明确讨论主题是领土主权取得的国际法，强调他不准备普及相关国际法的基本知识，而是“关注某些有待认真思考的、一般性的困难和问题”。准确聚焦难题本身绝非易事，能够按照国际法的思辨逻辑，像剥洋葱一样逐层剖析问题，就难上加难了。

我们不妨以武力自救为例加以说明，让我们还是以南海问题为例吧。大家知道，我国主张南海诸岛是本国的固有领土，但从20世纪50年代以来，尤其是在70年代，南沙大部分岛礁被越南、菲律宾等国家非法侵占。这些国家不仅一直保持非法占据，还不断采取种种所谓“主权行动”强化管控。那么，从国际法上看，我国能否以收复本国领土为由使用武力强行夺岛呢？这绝对是一个让人犯难的问题，不是吗？

詹宁斯在本书中以武力自救为题设专节讨论了该问题。他首先指出非法使用武力与领土主权的权源是两个性质不同的问题，明确了国际社会缺乏强制管辖体系造成国家面临救济困境，然后分别分析了领土主权权源和武力使用相关的国际法依据，并最终

① 亦可参考《国际法上的历史权源》等论著（Yehuda Z. Blum, *Historic Titles in International Law*, Martinus Nijhoff Publishers, 1965.）。

提出若一国确实拥有合法权源，该国使用武力收复被他国侵占的领土，既不违反禁止使用武力的国际法原则，也可以恢复对本国拥有合法权源领土的统治。当然，他也指出，由于争议领土的主权归属往往模糊不清，各国可能通过精心粉饰本国的主张为使用武力制造借口；同时，国际社会不能一方面认定武力自救非法，另一方面却无法提供其他强制性的司法救济。[①]

第三，由大至小，由小及大。大和小是一对相对的概念。具体而言，在本书讨论的主题上，领土变动是国际关系和国际法体系中的一个关键问题，领土取得是领土变动的方式之一，领土取得的国际法问题只是政治、法律、历史、地理等问题的一部分，领土争端的法律解决只是多种解决方式之一，传统领土主权取得模式未涵盖新形成的国家的领土主权权源问题，等等。詹宁斯爵士既强调由大至小，做到从宏观和整体上拿捏和把握具体的问题；[②]同时又要求由小及大，做到通过深入分析具体问题来启迪宏观问题的解决。

第四，明确警示，谨慎结论。阅读全书，你会发现，书中有不少明确的甚至严厉的警示性用语，如“必须始终牢记”“必须谨记”“必须清楚地认识到”，等等。对于确定的概念、原则、规则、区别、关联等，作者一再提醒读者们不要误入歧途。同时，书中还有大量的限定性或探讨式的用语，如“也许”“可能”“或许”“如果”“即便”“无论

① 详见本书第四章。

② 如作者强调：“旧法律与新的国际社会的新政策和新发展之间的关系是极其复杂、困难和重要的问题。希望你们明白，我们在本讲座有限的时间内仅选择了其中的一小部分问题进行简要的讨论。”

如何”“在一定程度上”“从某种意义上说”“在……情况下”，等等，力求客观界定有关事实。

有位长者曾告诉我，年轻人写东西往往语言犀利，甚至毫无顾忌，看上去冲击力十足，但这往往是无知者无畏的表现；年长者写东西多中规中矩，甚至有时欲言又止，看上去没什么创新之处，但这往往是知者慎言的表现。这种说法正确与否，我不敢妄断，但我能明显地感受到作者在本书中将两者完美地结合在了一起，因为阅读此书令人感觉好似一位年长者在向你娓娓道来，却又偶尔提出严厉的警告。

五、几点必要的说明

本书的出版得到教育部“新世纪优秀人才支持计划”、国家领土主权与海洋权益协同创新中心、武汉大学“中国边界与海洋研究70后学者学术团队”等项目的资助。译者在英国牛津大学访学期间完成了本书中文本的初稿，必须感谢国家留学基金委的资助，感谢牛津大学圣彼得森学院阿坎德教授(Dapo Akande)的邀请和帮助。最后，我要感谢英国曼彻斯特大学出版社提供版权，感谢商务印书馆的大力支持，特别是吴婧编辑认真、耐心、细致的工作。

由于译者自身能力有限，不少译文与翻译所要求的“信达雅”相距甚远，有些地方甚至还可能存在错误。我恳请读者们能予以批评指正。

来吧，朋友们，欢迎光临领土取得国际法的魔法世界！

孔令杰

武汉大学中国边界与海洋研究院

国家领土主权与海洋权益协同创新中心

2014 年 12 月于牛津大学博德利法学图书馆

目　录

序　言

奥利芙·希尔女士(Olive Schill)是柴郡佩斯贝瑞人,她是曼彻斯特大学的老朋友了,凯瑟琳·乔利夫人(Katharine Chorley)所著的《曼彻斯特造就了他们》一书中绘有她的肖像。希尔女士向曼彻斯特大学捐赠了壹万英镑,以纪念她在第一次世界大战中逝世的弟弟梅兰·希尔(Melland Schill)。这笔款项的年收益用于资助举办一系列最高水准的国际法公开演讲及讲稿的出版。

詹宁斯教授对当今世界的领土取得方式进行了最新的研究。这是各国国际关系当中的一个重要议题,而且,詹宁斯教授对于该问题的观察极具启发性和独创性。

我特向关注当今世界上领土主张的认真的法学和政治学的学生们郑重推荐此书。

本·沃特利(B. A. Wortley)

英国曼彻斯特大学法学院

第一章　领土变动

这五场讲座的主题是领土主权取得的国际法规则。也许，首先需要说明的是，我并不旨在系统论述相关的国际法。我假定听众们对领土主权取得的基本规则已经有了一定的了解。我只想让你们重点关注某些有待认真思考的、一般性的难点和问题。还要指出的是，我将不讨论海洋领土和空间的法律制度；在我看来，这些问题也许应当是未来某个讲座的主题。此外，在本讲座中，我们只能提及而不能详细讨论极地地区的特殊问题。

在第一讲中，我想讨论对领土变动问题具有整体影响的若干基本问题；在随后的讲座中，我们再讨论特定的领土主权权源转移"方式"所关涉的问题。

一、领土主权的性质

纵观近代历史，你会发现，国家领土在国际关系中一直处于中心地位。所以，查尔斯·德维舍教授(Charles de Visscher)认为："稳定配置的领土为国家行使本国的主权权力提供了公认的空间。国家在本国领土内行使排他性的权力，与位于其边界之外且拥有类似权力的政治实体共存，这使得各国的领土保持相对稳定。

领土稳定是安全的重要构成要素之一，即，人民在公认边界的庇护下所感受到的安全感；随着人民与其所占据的土地之间的关联逐渐强化，他们的这种信心以共同愿望和记忆的形式得以不断
2 增强。正是由于人民对领土怀有这种情感，涉及领土完整的任何事情才具有高度的敏感性。”①

领土不仅在国家之间的现实关系中具有如此重要的地位，它在国际法体系中亦是如此。以地域为基础划分各国行使主权权力的界限，是传统国际法的任务和目标。任何国家均不得在他国的领土内行使本国的主权，这是国际法上最明确的规则。或多或少占据一定范围的领土是国家必备的构成要素。②国籍取决于个人与领土国家之间的关联。使用武力侵犯他国的“领土完整”属于非法使用武力。③显然，调整领土变动的法律规则和程序在整个国际法体系中占据核心地位。可以说，如果我们想要探明国际法能够在多大程度上切实规制主权国家的实际行为，我们就必须从整个

① 查尔斯·德维舍，《国际公法理论和现实》(*Theory and Reality in Public International Law*)，考贝特(Corbett)译，1957 年，第 197 页。

② 劳特派特(H. Lauterpacht)，《国际法上的承认》(*Recognition in International Law*)，1947 年，第 30 页。劳特派特，《奥本海国际法》(*Oppenheim's International Law*)，第八版，第一卷，1955 年，第 451 页：“国家不可能没有领土……”。

③ 查尔斯·德维舍，《国际公法理论和现实》，考贝特译，1957 年，第 198 页：“保护领土主权完整原则也构成界定侵略的领土标准，它虽然并非一个自动选择的标准，但却是唯一可行的标准。这是因为国家是一个领土组织，侵犯国家的边界与侵略国家自身密不可分”。

国际法体系去考虑问题。①

然而，当我们谈论关于领土取得或丧失的规则时，我们实际上采用了一种简略的表达方式；除非我们不时提醒自己，我们所指的不只是物理意义上的领土，还包括国家的领土主权，否则，我们便有可能误入歧途。②领土变动不只意味着将地球表面的某一部分及其资源从一个体制转到另一个体制；可能更为重要的是，它通常 3
会导致人民的国籍、效忠对象及生活方式发生重大变化。

在考察所谓的领土主权取得方式时，我们尤其需要牢记这一点，因为这些方式，如我们将要看到的，显然是通过类比的方法从罗马法上的私人土地所有权取得规则衍生而来的。

当然，即便在当今，领土主权与土地财产权仍具有某些明显的相似之处；但是，如约翰·韦斯特莱克(John Westlake)所指出的，该类比主要适用于中世纪封建时期的概念，“这些概念实质上将主人统治自己领地的权利与我们的主权代言人国王统治王国的权利

---

① 参见马克思·胡伯(Max Huber)在本书所附帕尔马斯岛案中的论述：“在过去几个世纪，国家组织以及与之相伴的国际法的发展已经确立了这样一项法律原则，即，国家在本国领土内享有排他性的权力，该原则也成为处理多数涉及国际关系的问题的出发点。”帕尔马斯岛案(美国诉荷兰)[*Island of Palmas Case* (United States vs. Netherlands)]，《国际仲裁裁决报告》(R. I. A. A.)，第十一卷，1928 年，第 839 页。

② 参见卢梭(Rousseau)，《海牙国际法演讲集》(*Recueil des Cours, Académie de Droit International de la Haye*)，第 93 卷，1958—I，第 369 页。该书第 415 页指出：“领土取得方式中预定的这种现象很明显是不适当的。事实上，它不能涉及此种领土取得方式，而仅仅只能涉及一个国家对无主领土创设主权或已被常规法律文件免除了先前国家管辖权的领土的处置。”亦可参见布里尔利(Brierly)，《万国法》(*The Law of Nations*)，第五版，1955 年，第 150 页。该书指出，领土主权“并不是指个人之间的关系或国家自身的独立，而是指国家对领土享有的权利；在无其他更好的称呼的情况下，领土主权是指最完整的权利，以便于与本书后面将要谈及的具体领土权利相区分”。

混淆为同一个谜团。”[①]然而，在由当代主权国家构成的国际社会中，二者之间的区别远比共性更加重要。[②]所以，我们需要明智地预计到，虽然相关的国际法框架是从私法上的土地所有权衍生而来的，它却可能走上了极为不同的发展道路。实际上，下面这个事实可以让我们清楚地认识到私法类比作用的局限性：我们必须承认通过“征服”方式取得领土主权的合法性，一国不仅可以使用武力从拥有合法主权的国家夺取领土，而且征服者的权源还处于优
4 先地位。你们甚至可能会质疑允许通过强迫方式达成这种让步的法律体系是否属于真正的法治体系。我们将在后面的讲座中讨论该问题。

二、权源的内涵

当我们谈论领土主权的权源（title to territorial sovereignty）时，它所指的到底是什么呢？

某权源存在与否最终取决于是否存在特定的事实。“权源”的

---

① 奥本海（Oppenheim），《国际法》（*International Law*），第一版，第一卷，1904年，第 86—87 页。

② 参见卡瓦列里（Cavaglieri），《海牙国际法演讲集》，第 26 卷，1929—I，第 385 页：“该法律（国家领土法）在其统一构成上涉及所有领土，因此与个人在私有权范围内对于该同一领土中部分领土实施的所有权毫不相干。封建法律中统治权与私有权的旧时混淆与国家的现代概念是相反的，两类法的目的不同，国际法确定的是本质上政治职能的最大满足，所有权只是想以一种最有利的方式为个人利益开发好处。这两种法律只有一个共同点，那就是在领域内的绝对的、排他的权利，国家相对于其他国家，所有者相对于其他所有者，都坚决地维护、行使这一权利……”。

基本内涵是指法律认可的、可创设权利的事实。所以，约翰·萨尔蒙德(John W. Salmond)认为："……任何一项权利(从广义上讲包括特权、权力和豁免权)均涉及一个权源或派生该权利的渊源。权源属于先前的事实，权利则属于法律上的结果。如果法律将某项权利赋予了某人而并未赋予另一个人，这只是因为某特定事实仅对该人而言是正确的，而对其他人则是不正确的，而这些事实便构成权利的权源。不论某项权利是先天创设的或后天获取的，它均必须具有相应的权源。"①

当我们更深入地分析国际法认可的创设领土主权权源的各种方式时，我们应当认识到它们均具有一个共同的特征：实际有效控制在创设和维持权源上具有至关重要的作用。与罗马法上对应的方式类似，领土主权的各种权源方式均要求行为和意图两个构成要素。②例如，16 世纪以来，我们不能再主张，单纯的发现，加之最终占据的意图，便足以创设一个权源。在这方面，国际法确实沿袭了私法上关于土地财产权的取得模式，因为各国的土地法均强调实际占有的重要性。特别是，英国法一直将占有自身视为所有权的一种来源。③从某种意义上说，财产法是对实际占有的理性化分

① 格兰维尔·威廉姆斯(Glanville Williams)，《萨尔蒙德论法理》(*Salmond on Jurisprudence*)，第 11 版，1957 年，第 378 页。

② 斯托维尔法官(Lord Stowell)在法玛案(*The Fama*)中指出，"人们一致认为……这是一项必要的法律原则，即，为了保障财产权的完整性，对某物的权利应当与占据该物自身相结合……这是财产法的一项一般原则，在我看来，它同样适用于领土权利"。法玛案(*The Fama*，5 C. Rob.)，第 115 页。

③ 对于该问题，可参见劳特派特，《国际法的私法渊源和类比》(*Private Law Sources and Analogies of International Law*)，1927 年，第Ⅲ章。

配。马克斯·胡伯法官(Max Huber)在帕尔马斯岛案中指出:[①]“……实践和理论均承认——虽然所依据的法律模式及要求满足的条件存在一定的差异——持续、和平的领土主权展示(相对于他国而言是和平的)实际上就是一种权源……在国际法出现之前,必须依据国家行使权力的范围确定土地的边界;类似的,在国际法体制中,和平、持续的展示主权这一事实仍然是确定国家边界时最重要的考虑因素。”

然而,如果领土主权的相关法律权利想要发挥实际作用的话,它必须至少能够有时在与实际占有情况不一致的情况下仍得以继续存在;被赋予该权利的国家必须能够在法院辩护该权利,而且,此类国家在主权被实际剥夺的情况下能够恢复对领土的占有:权源是指我们占有属于我们自己的东西的正当理由(*Titulus est justa causa possidendi quod nostrum est*)。这对国际法体系而言是一个挑战。除了其他困难之外,国际法仍不具备任何强制性的管辖体系。此外,各国均将领土问题视为影响本国核心利益的问题,记住这一点就很容易理解相关法律的发展趋势必然是极为重视实际占有在权源创设上的作用,而对将其视为抽象性的主权权源则显得非常谨慎且具有偶然性。让我们再次引用胡伯法官在帕尔马斯岛案(*Island of Palmas* case)裁决书中的论述:

“得益于其完善的司法体系,国内法能够认可抽象的财产权利,而不要求所有者实际展示该权利,但时效原则、保护实际占有原则仍对其效力构成了限制。国际法并不建立在任何超国家的组

① 见本书附录。

织结构之上，领土主权几乎是所有国际关系的基石，因此，不得将领土主权如此重要的权利简化为一种抽象的权利，而不要求任何具体的展示。”①

然而，国际法在特定情况下仍承认无须实际展示的抽象权源。例如，直到征服之前，占领国在交战过程中并不能取得占领区的主权。这一长期存在的规则绝非最不重要的一个例子。

我们还需要提及有关领土主权权源的另一个基本问题。从本质上讲，主权权源属于不动产权源，是一种对世性的权源。然而，实践表明，关于两个对抗性主张的裁决通常便足以创设权源。对于这一点，我们仅需参阅常设国际法院在东格陵兰岛案（*Legal* 6
Status of Eastern Greenland）中作出的众所周知的一段判决即可：“在裁判对于某特定领土的某一主张时，他国同时对该领土主张主权的程度，是任何法庭均必须考虑的情况。在提交国际法庭裁判的涉及领土主权主张的多数案件中，一般存在两个对抗性的主权主张，而法庭必须判定二者之中哪个更强……

我们在阅读涉及领土主权的案件判决记录时不可能不注意到的是，在多数案件中，只要另一国无法提出更好的主张，即便一国很少实际行使主权权利，法庭也会认定这足以创设权源……”②

现在，我们可以假定两个以上的国家对某争议领土提出主权主张。在这种情况下，法庭关于两个主张的判决并不能影响其他

① 帕尔马斯岛案（美国诉荷兰），《国际仲裁裁决报告》（R. I. A. A），第十一卷，1928年，第840页。

② 东格陵兰岛案（丹麦诉挪威），《常设国际法院判决》，第A/B卷，第53号案，1933年，第46页。

国家的权利。[①]然而，多数案件中仅有两个声索国，法庭关于双方争端的判决便足以确定其主权归属。[②]在这种情况下，原则上讲，法庭作出的支持一方或另一方主张的判决无疑可以对抗整个世界，虽然胜诉方可能很少证明自身行使了主权活动，这仍构成一种对世性的权源。但是，必须强调的是，不论需要证明的主权活动多寡，它们必须属于主权活动。

既然已经对与领土主权相关的权源有了一定的认识，下面，让我们来讨论法律认可的所谓的权源创设“方式”。

三、领土变动的程序

书本告诉我们，取得领土主权的“方式”共有五种：(1)先占(occupation)，对不处于任何国家主权之下的领土实施先占；(2)时效(prescription)，一定期间内的有效控制导致权源转移；(3)割让(cession)，或通过条约转让领土；(4)添附(accession/accretion)，
7 领土的形状因自然过程而发生变化；(5)征服(subjugation)，或者你习惯使用更老的“conquest”一词。[③]比照当代历史事实，你便会发现上述归纳肯定不全面，因为它很少甚至根本没有考虑近年来最重要的领土变化方式。有关的原因也很简单，上述归纳方式以大陆法系关于既存者之间的财产转移方式为基础，并未考虑新国

---

① 参见《国际法院规约》第59条。

② 与罗马法上的所有权(*dominium*)概念相比，国际法在这一点上可能更类似于普通法上的占有权(right to possess)。

③ 有人认为还包括第六种方式，即裁决(adjudication)。

家的形成这一情况。[①]

我们已经提及领土是国家的一项构成要素。当其他国家承认某新国家时，该承认也包括认可了新国家对其领土的权利，因为国家地位与国家领土概念是不可分割的。当然，承认一个新国家并不必然意味着承认国有义务认可新国家在可能尚未解决的边界争端或者关于面积较大的领土的主权争端中的立场。但是，除了此类重要性或大或小的边界问题之外，被承认国对本国领土主体部分的权利——它在地球该部分作为一个独立国家存在的权利——已经得到认可。

但是，新成立的国家是如何获得领土主权权源的呢？显然，上述五种方式均无法给我们提供答案，因为它们均假定存在现有的国际人格所进行的某种活动；此外，新国家形成时的事实情况往往并不符合这些领土取得方式的要求；当然，在我们考察领土丧失的方式时，上述传统的领土取得方式便会明显出现不足，因为这时我们会发现，如《奥本海国际法》中所述的，领土丧失方式变成了六种：其中五种与领土取得方式对应，即割让、自然作用、征服、时效和放弃，但第六个，即“反叛”(revolt)，是新增的。“反叛”在当今并不足以涵盖一个新国家在另一个或多个国家的领土上出现的各种方式，但我们将随后再讨论该问题。

此时，人们自然会求助继承法。然而，继承法对此亦无任何帮

① “首先，不得将国际社会中既有国家和成员的领土取得与新国家的形成相混淆……”，参见劳特派特，《奥本海国际法》，第八版，第一卷，1955 年，第 544 页。

助。国家继承法——如果可能从中确定任何一致性的原则的
8 话——倾向于将领土主权变化视为已知数，很少甚至根本不关心领土发生变化的方式。

因此，《奥本海国际法》认为："新国家的形成是……一个事实问题而非法律问题。正是通过承认这一法律程序，此类新国家才得以成为国际法的主体。一旦做出了承认，新国家的领土便被承认为国际法主体的领土，至于领土在承认之前是如何取得的则无关紧要。"[1]

如果这种观点是正确的，你可以将领土的权源视为仅源自新国家产生这样一个事实，或者将其视为国家承认的产物，这完全取决于你对国家承认的法律性质的看法。[2]

我们似乎遇到了一个奇怪和不正常的情况。对已经存在的国家之间的领土转让，国际法提供了一系列的方式，正当的领土主权可以通过这些方式从一国转移至另一国；但对于新国家诞生所带来的领土变化，国际法显然不仅未提供任何转移方式，而且对领土的实际取得方式显得毫不关心。我们很容易找到出现这种情况的原因。我们已经提及领土主权是一个极其复杂的概念，它既涉及国际法上的人格，也涉及从领土上获得物质收益。对于已经存在的国家之间的领土转移，相关国际法主要关注第二种因素，并因此

---

① 劳特派特，《奥本海国际法》，第八版，第一卷，1955 年，第 544 页。

② 在爱尔兰的自我承认方法中，这种法律立场可能从逻辑上被推至极端。所以，德瓦莱拉先生(De Valera)在 1921 年 9 月 13 日致函劳合·乔治(Lloyd George)称："我们的国家已经强有力地宣布独立，并承认自己是一个主权国家"。见曼塞夫(P. N. S. Mansergh)，《爱尔兰自由国》(*The Irish Free State*)，1934 年，第 29 页。

深受私法上关于土地所有权转移的法律类比的影响。但是，在一个新国家形成的情况下，国际法主要关注新主体的出现，而不是附带的领土转移；换言之，国际法关注的重点是领土主权中的主权因素而不是领土因素。

这还会带来进一步的影响。一个新国家往往诞生于宪法体制下的变革或内乱。在两种情况下，至少根据传统国际法，直到承认 9
以某种方式成为一个问题，该事项一直以来仅属于国内法调整的范畴。这正是传统国际法不关注领土主权取得方式问题的原因；在这种情况下，从事实或法律程序或二者兼顾的角度来看，领土主权取得是在国内法背景下运作的，因此需要采取国内法上而非国际法上的适当方式。国家承认的出现标志着这一复杂的法律和事实问题进入了国际视野；承认是通过认可事实情况而创设权源的一种程序。可以说，新国家带着自身的权源迈入国际法体系之中。①

我们可以将上述观点称为传统国际法。然而，我们注意到，国际法和国际组织已经开始向新国家诞生这一传统的国内法领域注入了重要的因素。国际联盟的委任统治制度与联合国的托管制度显然是国际法在新国家最终出现之前便开始介入的重要方式。②

---

① 将国家形成过程中的领土取得问题置于国际法之外还有一个类似的情况：至少在多数情况下，该过程也不受在“国际”关系中禁止使用武力原则的限制。见《联合国宪章》第2(4)条。

② 麦克奈尔(McNair)认为，对托管领土而言，并不存在一般意义上的领土主权。西南非洲国际地位案(*International Status of South-West Africa Case*)，《国际法院报告》(*I. C. J. Reports*)，1950年，第128页。

此外，《联合国宪章》第十一章——关于非自治领土之宣言——在新国家诞生之前便将国际法和国际组织引入进来。但是《联合国宪章》的这些条款带来了很多问题，我们将在后面的讲座中做进一步的分析。

我们还需要对新国家的形成所导致的领土变动问题做进一步的思考。当透过国内管辖的视角做进一步的审视时，我们发现新的国际人格可通过多种方式产生，包括激烈的革命以及在某种情况下难以觉察的渐进式的变革，从母国中分裂出来形成新的国家。此外，特别是在第二种情况下，我们可以发现关于国内法和国际法边界的众多法律安排具有高度的相关性，而国际法的具体法律地位却可能是一个谜。[1]既然已经认识到这种区别，我们可能会想赋予其法律意义，将其应用到五种领土变化方式上，并区分原生性(original)和转承性(deriative)的权源。从历史上看，事实上，有些新国家是从原有的主权国家中产生的，而有些国家是通过与之前的领土主权国家进行激烈的对抗而形成的。难道不是这样吗？因此，在新国家形成的情况下，原生性的权源和转承性的权源之间的区分会符合对领土主权变动的适当解释，难道这种假设并不合理吗？看来，我们可能有必要对此做简要的分析。

一些国际法学家认为，就其性质而言，国家主权不得从另一个

① 例如，《印度独立决议》(*Indian Independence Order*)或《国际安排》(*International Arrangements*)在国际法上到底具有什么法律地位？同样，英国与加纳以及英国与马来亚签署的《继承协定》又具有什么法律地位呢？对于该问题，可参见E.劳特派特(E. Lauterpacht)，载《国际法和比较法季刊》(*International and Comparative Law Quarterly*)，第7期(1958)，第534页及以下诸页。

主权衍生而来，它在任何情况下都必须是原生性的；领土主权也不
是可转让的商品。[①]但是，正如我们在前面提及的，主权，即便是领
土主权，具有众多不同的内涵。如果它是指国家的法律人格，我们
必须承认，每个主权显然均是“原生性”的。虽然从历史意义上讲，
它可能源自另一个主权，但从法律上看，它不能从另一个主权衍生
而来；毕竟，这正是“人格”这一法律术语的内涵。所以，如果它是
指法律上的主权人格，每个主权均是独一无二的。如果“主权”用
来代指权利、义务、权力和权限，它们似乎可以源自另一个主权，即
便从法律意义上而言亦是如此。但是，传统国际法在这一点上显 11
然陷入了困境：在新国家创设之前，它并不具有法律人格，而只有
具备该人格才有资格取得领土的权源。因此，如奥本海所建议的，
国际法应当承认新国家形成那一刻的“事实”。然而，如今，国际人
格已经不限于国家，国际法事实上也与非自治领土直接相关，那
么，至少从原则上讲，似乎有理由认为，可以将一些权源创设活动，
即便它们源自国内法，视为具有国际法效力。当然，对于继承在多
数情况下面临的难题，允许考察新国家承认之前的权源，可能是一
种解决方法。[②]简言之，我们可能已经迈入了一个超越奥本海的时

① 参见卡瓦列里，《海牙国际法演讲集》，第26卷，1929—I，第402页：“另外，通过转让的方式将领土主权从一个国家转移到另一个国家，这种看法是不正确的。从性质上而言，国家的主权是不可转让的。在最高级别的表述上，主权就是国家本身，其存在是不可转让的。主权只有针对一个确定的国家而存在，主权随着社会组织的消失而消失，主权是社会组织的法律表示。因此，我们不能设想主权从一个国家转移到另一个国家”。

② E.劳特派特，载《国际法和比较法季刊》，第7期(1958)，第534页。

代，我们甚至可能有必要探寻新成立的国家是如何取得本国的领土的。例如，以色列作为一个国家成立后，并未解决本国的领土问题，它在多段边界上存在激烈的争端。印度和巴基斯坦独立导致了克什米尔问题。有关国家可以将此类争端提交国际法庭解决。联合国也曾处理过它们。因此，在当今，承认新国家可以解决领土权源问题的看法已经不符合政治现实。争议地区在国家承认之前的情况肯定是相关的。

无论如何，我们应当清楚地认识到，如果在特定的领土上创设了财产权利，即便该领土成为某新国家的一部分，这些权利仍将继续存在，这就如同将该领土割让给一个现存国家或被一个现存国家兼并一样；当然，原有的地役权将继续适用于该土地，不论新取得领土的方式如何。即便取得领土的方式是原生性的，这也并不意味着取得权源便可免除相应的义务。[1]通行权案（*Right of Passage* case）清楚地说明了这一点。[2]

12 综上，我们发现，除了五种传统的领土主权取得方式之外，还存在新国家出现造成的领土变动情况——这也是当今最为重要的领土变动情况——然而，相关国际法不仅发展极为缓慢且存在不确定性，而且必须指出的是，有关的研究也相对不足。

---

① 罗马法似乎也持这种立场。见巴克兰（Buckland），《罗马法中的奴隶制》（*Roman Law of Slavery*），1910 年，第 277 页："毫无疑问，遗弃（*derelictio*），不论随后是否有先占（*occupation*），均旨在保证债权人的权利不受损害"。

② 通行权案，《国际法院报告》，1960 年，第 6 页。

四、边界争端

如果要全面列举领土变动的程序，我们还必须提及确定领土主权的另外一类规则和原则，即，专门调整边疆或边界争端的法律规则。当然，这些情形可能涉及我们刚刚讨论过的领土取得“方式”。但是，上述领土权源的取得方式在确定具体边界线走向问题上可能只具有有限的作用，甚至不具有任何作用。具体划定边界线的方式通常涉及一项条约，有关国家依据条约成立边界委员会，或授权该委员会开展具体的勘界工作。国家实践已经自然而然地形成了一些为各国普遍接受的规则、惯例和方法，它们可以帮助边界委员会有效地开展工作，并可在必要情况下帮助解释委员会的工作成果：例如，以主航道中心线或水道的中间线作为国际河流的边界，以分水岭或悬崖线作为山脉的边界，等等。不论获取领土的方式如何，均可适用这些规则；而且，事实上，领土取得方式与此类边界争端往往毫不相干。另一方面，从更广泛的意义上讲，在国家通过先占方式取得无主地的早期可能会产生边界定界问题，在这种情况下，“地理邻近”“腹地”或“河流系统冲刷的地区”等地理概念往往被用于更准确地确定先占所涵盖的地区。

我们没有时间深入探讨这些边界问题，它们自身便构成一个单独的研究课题。①然而，一些基本的认识显然有助于我们评估边界问题与领土主权取得这一更大的问题之间的关联。

---

① 可参见拉普拉戴尔(P. de Lapradelle)，《边界》(*La Frontière*)，1928 年；博格斯(Boggs)，《国际边界》(*International Boundaries*)，1940 年；卢梭，载《国际公法论刊》(*Revue générale de droit international public*)，第 58 期(1954)，第 23—52 页。

13 首先，边界争端可能特别适宜于通过司法判决或仲裁解决；而且，事实上，关于领土问题的大部分法理显然与边界问题相关。①

其次，从权源一词最广泛的意义上而言，虽然边界问题明显与领土主权的权源相关，它实际上一般仅发生在邻国之间。仲裁庭关于哪个邻国拥有更好权源的决定同时也是关于对世性权源的决定。在仲裁庭有权确定边界的情况下，该裁决自身可能也是取得领土主权的一种现实方式。②

最后，值得一提的是，作为政治、历史、地理平衡的结果，很多边界线在很早之前便被划定，并由此保持相对稳定；因而，特定“国家”的边界在领土主权发生变更的情况下仍可能得以保持不变，就像白地和黑地（Whiteacre and Blackacre）在所有权发生变更的情况下仍保持完整的原则一样。但是，我们需要对此作两点反思。在边界存在争端或争端正在进行中时，它可能不只是一个单纯的法律问题，因为领土边界可能是国家实力的边界。此外，在有些情况下，边界经历剧烈的政治变革可能造成危险，例如，非洲新独立的国家当前正努力将自身的边界调整到殖民强国在 19 世纪确定的旧边界，因此，这些边界可能并非总能管控来自本土的压力或适应当地的需要。虽然如此，可以确定的是，新国家往往在原有的国家中形成，并倾向于继承原有的边界线，这可能引发身份或继承等

① 可参见比利时与荷兰之间的边境领土主权案，比利时与荷兰关于特定边境土地的主权案（*Case concerning sovereignty over certain frontier land*, between Belgium and Netherlands），《国际法院报告》，1959 年，第 209 页。亦可参见柬埔寨和泰国之间的柏威夏寺案（*Temple case between Cambodia and Thailand*）。柏威夏寺案，《国际法院报告》，1962 年，第 8 页。

② 因此，有人将“裁判”作为取得领土主权的一种方式。

难题，例如，在印度和巴基斯坦独立时，两者之间并不存在英属印度的旧边界，并引发了两国在联合国的地位问题；再举一例，摩洛哥认为毛里塔尼亚过去曾是本国的一个省，并据此在当前主张毛里塔尼亚的领土。

小　　结

总之，在下一讲进一步考察规制领土变动的法律的某些特定问题时，我们应当注意到该法律在整体上具有如下重要特征： 14

(a) 我们讨论的不只是领土实际控制的变动，更是领土主权的变更。因此，与私法上关于土地受益的规则进行持续的类比，虽然在相关国际法的发展上具有重要的作用，但是，除非我们牢记二者之间的重要区别，它同样有可能将我们引入歧途。

(b) 所谓的领土权源取得"方式"与我们探讨的问题仅存在部分的直接关联；而且，在当前的历史时期，它们可能也不是最重要的问题。对于因新国家进入国际社会大家庭所引发的领土变动，国际法一直将其视为国家承认问题，而并非权源的"转移"。但是，承认实质上只是一种程序，国际法通过该程序使自身适应既成的事实。因此，至少对关于领土权源的传统国际法而言，相关的法律仍存在巨大的发展空间。特别是，考虑到我们当代历史中存在的大量先例，该问题仍有待进一步的研究。它涉及国家继承法及传统上属于领土权源的法律问题。

(c) 我们发现领土问题的相当大一部分法理与边疆或边界问题相关，这并不让人感到奇怪；虽然这些问题涉及权源，但它们却自成一体，拥有自身特殊的规则和惯例。在私法上，人们普遍承认以下两种情况之间的区别，即，X 和 Y 对白地的所有权存在分歧，白地无争议的所有者与黑地无争议的所有者就二者之间的边界线存在分歧。然而，虽然早在摩苏尔边界案(*Mosul Boundary* case)中，常设国际法院已经指出可以在准确划定领土边界前确定主要的权源，但在国际法中，二者的区别却并非总是这般清晰。[1]

[1] 摩苏尔边界案，《常设国际法院判决》，第 B 卷，第 12 号案，1925 年，第 21 页："虽然领土的边界尚未划定，条约可能规定，割让特定的领土或放弃对该领土的权利和权源，这并非例外情况……同样，条约可能规定由国际委员会划定边界或由第三方确定边界。在这种情况下，直到定界之前，权利和权源的放弃将暂停，但在不存在其他解决方法的情况下，它将根据有拘束力的决定而生效"。当然，关于海洋划界和空间边界的规则争议是最重要的边界问题，而且，我们要认识到它们并不涉及可分割的领土，而是领土不可分割的附属物。此外，它们均与某公有物交界。然而，如之前所述的，这些问题应留给后面的专题讲座。

第二章　领土取得方式 16

现在，让我们将注意力转移到现存国家之间的领土主权取得方式。为方便起见，我们先讨论与领土割让相关的问题。

一、割让

割让是指一国将领土主权转让给另一国。法院曾在某案件中指出，[1]“领土‘割让’”是指“一国放弃本国可能对相关领土享有的权利和权源，并将其转让给另一国”。割让往往通过条约实施，双方据此明确表达一致同意转让的意思。[2]所以，割让是一种双边性的领土取得方式，需要相关的两国进行合作，其他领土取得方式则都是单边性的。割让创设的权源是转承性的权源，因为其有效性

---

① 赔偿委员会诉德国政府案（1924）（*Reparation Commission v. German Government*, 1924），《国际法案例年刊》[*Annual Digest of International Law Cases* (hereafter A. D.)]，1923—1924 年，第 199 号案。

② 双方必须明确地表示意在转让真实的主权。对于存在疑问的案件可参见《国际法院报告》，1960 年，第 38 页。

取决于割让国所拥有权源的有效性[1]——任何人不得转让超过自己拥有的权利(*nemo plus juris transferre potest quam ipse habet*)——而其他领土取得方式均创设原生性的权源,即该权源的有效性并不取决于先前占据者的权源的有效性。对于这一点,我们只需参阅帕尔马斯岛案即可。在该案中,美国以1898年的《巴黎和约》为依据主张帕尔马斯岛的主权,即,根据该条约,西班牙已经将本国对于原本可能占据的包括争议岛屿在内的特定地区的全部主权权利转让给了美国。仲裁员认为不得将该条约视为终局性的,因为“西班牙很显然不得转让其原本拥有的权利之外的权利”。[2]

17 一般而言,割让包括两项因素,条约中规定的割让协议以及实际交接或转移领土,当然在某些情形下,受让国可能在缔约时已经占据了相关领土。对于是否可以免除二者之中的一项因素,或者二者是否均为权利有效转移的必要因素,仍存在一定的争议。印度的印度共和国诉金德讷格尔案(*Union of India v. Maumull*

① 保护国能否割让被保护的领土呢?对于索马里案(*case of Somalis*)的有关情况,可参见布朗(D. J. L. Brown),载《国际法和比较法季刊》,1956年,第245页。

② 《美国国际法评论》(*American Journal of International Law*),第22期(1928),第879页。亦可参见本书的附录。必须指出的是,对于哪种方式是转承性的,哪种方式是原生性的,学界并无完全一致的看法。见约翰逊(Johnson),载《剑桥法律杂志》(*Cambridge Law Journal*),1955年,第217页注13。卡瓦列里,《海牙国际法演讲集》,第26卷,1929—I,第402页:“原生性的领土取得方式适用于从来不曾属于或此时不再属于任何国家的领土。因此,(主权的)取得以一种与领土立即、直接的关系而发生。相反,转承性的取得方式假定在获取主权的国家和此前主权所属的国家之间存在法律关系”。

Jain)中便出现了该问题。[①]针对金德讷格尔市议会对汽油征收消费税，被告们提起了诉讼，要求免征该税。金德讷格尔原来属于法国领土，根据 1951 年 2 月 2 日的《印法条约》被转让给印度。根据条约第七部分，法国政府、市议会或管理当局与金德讷格尔相关的一切权利、债务、义务均成为印度政府的权利、债务和义务。本案的核心问题是，根据割让条约的相关规定，印度共和国(本案的原告)是否有权以自己的名义继续推进金德讷格尔税务和储备局提起的诉讼，以及它是否有权对被告提起上诉。如果割让已经生效，印度显然有权这么做，但被告辩称，在国会通过立法将割让条约转化为国内法实施之前，它尚不具有法律效力。

法院认为印度确实有权以自己的名义提起上诉。在处理了关于通过立法赋予条约效力的宪法问题后，法院指出："即便假定在国会未进行立法的情况下该条约并不具有法律效力，将领土转让给印度仍是一个已经完成的事实，而且，法国和印度两个缔约方均接受这一事实。因此，不论该条约是否已经生效，相关领土已经被并入印度的领土之中。"

然而，这里所指的"法律效力"是指条约在印度国内宪法上的 18
效力，而且，在领土已经被实际转移的情况下，判决主要意在指出条约在国内法上的效力与割让在国际法上的有效性毫不相干。上述案例还表明，一旦受让国已经根据条约规定完成占据，其权源离开该条约仍然存在。条约自身便足以构成割让国转让领土的法律

① 印度共和国诉金德讷格尔案，1954 年，第 615 页。亦可见《国际法案例年刊》，1954 年，第 256 页。

基础，因此，它也是有效割让的必要因素。

恰郎镇索赔案（*Iloilo Claims*）确认了上述观点。[1]根据 1889 年的《巴黎和约》，西班牙将菲律宾割让给美国。条约规定，西班牙应在交换批准书时撤出相关岛屿。在双方交换批准书之前，当地的叛乱者已经迫使西班牙军队撤出恰郎镇。在美军进驻前一天，叛乱者焚烧了该镇，并烧毁了一些英国人的财产。案件的核心问题是美国对此是否负有法律责任，英国人主张美国在延缓控制该镇上有过失。法院驳回了这一主张，因为在割让问题上，法律上的主权以及从该主权衍生出的相关义务在割让条约得以批准后才开始生效。

显然，有根据认为，领土转让并不需要采取某种特定的方式，而且受让国有权在条约生效后的任何时间占据领土。[2]实际上，一旦条约得以实施，受让国甚至可以将领土直接转让给第三国，而无须先行占据该领土。[3]

19 另一方面，在赔偿委员会诉德国政府案中，法院认为，即使一个新的国家占据某领土，而且其国家地位和占据活动之后才得到

---

① 恰郎镇索赔案，英国—美国法庭（1910 年）（British-American Tribunal），1925 年 11 月 19 日，收录于《国际法案例年刊》，1925—1926 年，第 254 号案。

② 参见哥伦比亚诉委内瑞拉案（*Columbia v. Venezuela*），由瑞士联邦委员会仲裁，1922 年 3 月 24 日，收录于《国际法案例年刊》，1919—1922 年，第 54 号案。"但在德国在波兰上西里西亚的某些利益案（*German Interest in Polish Upper Silesia*）中，割让受制于公投。"德国在波兰上西里西亚的某些利益案，《常设国际法院判决》，第 A 卷，第 7 号案，1926 年。

③ 《奥本海国际法》一书中举了如下例子，奥地利在 1859 年将伦巴第割让给法国，法国自己并未占据该地并直接将其割让给撒丁王国。见劳特派特，《奥本海国际法》，第八版，第一卷，1955 年，第 550 页。

国际承认，领土“割让”仍可能是有效的。[①]

割让条约不一定涉及相应的对价；与英国法不同，国际法并不关心是否存在补偿物。更重要的是，至少根据传统国际法，割让条约可能通过武力缔结，而且，我们当然知道割让条约在历史上是战胜国在和平会议期间将自身改变领土的意愿强加给战败国的通行方式。那么，在当今，一个重要的问题是，根据《联合国宪章》等，通过非法使用武力强行缔结的割让条约是否仍然属于法律准许的行为。但这只是更大的一个问题的一部分，我们将在后面的讲座中详细讨论。那么，让我们暂时把某些强迫割让在当今的有效性这一重要问题放一边，先来讨论强迫割让涉及的另一个问题。根据传统国际法，征服者通过征服为自己创设了一个原生性的领土主权权源，但如果它出于自身利益选择迫使战败国割让领土，它显然获得了一个转承性的权源。然而，我们很难相信在这种情况下采用条约的形式会削弱该权源。在这种情况下，割让和征服作为相互替代性的权源并存，这可能是一个更好的答案。无论如何，该问题几乎完全是理论性的——不论该权源是原生性的还是转承性的——领土的所有者仍将继续享有相关的权利。

现在，让我们来讨论征服之外的其他原生性的领土取得方式。添附——自然过程导致领土增减——在实践上并不重要，无须加

① 赔偿委员会诉德国政府案，《国际法案例年刊》，1923—1924 年，第 199 号案。裁决书认为，捷克斯洛伐克、塞尔维亚—克罗地亚—斯洛文尼亚王国事实上已经存在，而且主要的同盟国和协约国在签署《凡尔赛和约》《圣日耳曼条约》《特里亚农条约》时承认了这一事实，这并不能阻止各国在条约中“割让”领土。受让国未遭他国反对且得到当地人民的同意而已经占据领土，这一事实也不能阻止领土割让。

以过多讨论。[①]相反，先占和时效则涉及几个重要的问题，我们可以一并进行探讨。

20

二、先占和时效

国际法上的无主地先占与罗马法上的无主物先占(*occupatio*)存在密切的关联。它是指一国占据某领土，该领土在被占据时并不处于任何国家的主权之下。当然，这并不意味着该领土必须是无人居住的。在这种情况下，以部落组织方式居住在某领土上的当地居民并不被视为国家，殖民国家可以通过武力，甚至使用相当大的武力建立殖民据点，相关的法律结果并非征服而是先占。由于某些地区的人民未按照欧洲国家的方式组建国家，他们并不享有所谓的“文明”国家地位。在 19 世纪末，西方国家持这种有些高傲的态度似乎是很正常的。然而，当今，所谓的“文明国家”这一用语可能会造成一定的尴尬。如今，地球表面的领土，如果不是全部也几乎是全部位于某国的主权之下，除了极地地区之外，可以说，先占已经过时；当然，它与历史权源的创设仍然相关。

先占涉及的主要法律问题是如何界定可创设权源的有效占据的程度和类型，以及如何界定占据的领土的范围。对于这一问题，我们不能进行过多的探讨，一来我们没有那么多的时间，二来相关

---

① “San Lorenzo Title & Improvement”公司诉“City Mortgage”公司案，1932 年，收录于《国际法案例年刊》，1931—1932 年，第 55 号案。

的研究成果已经非常丰富，我们无须再行赘述。[1]

时效取得是一个更难以理解且更复杂的法律概念，因为它包括几种不同的概念。大体上，我们可以把它定义为通过长期、持续、不受干扰的占据取得领土权源的一种方式。虽然国内法体系中均有类似的原则，但时效在国际法上的地位却不时遭到学者的质疑；[2]然而，国家实践已经明确地认可了该方式的效力。

我们有必要先区分“时效”这一术语在国际法上几种不同的内涵。[3] 首先需要区分的是消灭时效（extinctive prescription）与取 21
得时效（acquisitive prescription）。在所有法律体系中，未在一个合理的期限内提出主张可能导致相关权能的丧失，虽然相关的权利可能并未随之消灭。在英国法上，这被囊括在“诉讼时效”（limitation）和“疏忽大意”（laches）制度之中。这同样适用于国际法，并可被方便地称为“消灭时效”。但是，这与权源毫不相干，我们也不会再提到它。“取得”时效与我们的主题更相关，国家可以通过该方式创设和取得一项实体权利，而先前的权源持有者的权利则随之消灭。国际法并未规定完成这一过程所需的具体期限，

---

① 可参见帕尔马斯岛案、克利伯顿岛案（*the Clipperton Island case*，2 R. I. A. A.，p. 1105）、东格陵兰岛法律地位案（PCIJ Series A/B No. 53，71，1933）。亦可参见沃多克（Waldock），载《英国国际法年刊》（*British Yearbook of International Law*），第25期（1948），第311页及以下诸页。

② 劳特派特，《奥本海国际法》，第八版，第一卷，1955年，第575页注4。在通行权案中，昆塔纳法官（Judge Moreno Quintana）认为，时效取得“是一个私法概念，国际法上并没有它的位置”。通行权案，《国际法院报告》，1960年，第88页。

③ 对于该问题，可参见约翰逊（Johnson），载《英国国际法年刊》，第27期（1950），第332页及以下诸页。

我们也不应当指望国际法会这么规定,因为它必将因个案而异。[①]

时效取得自身至少包括两种或可能更多不同的概念。首先,一国已经在如此长的时间内占据了某领土,占据的起源不仅在当前来看是毫无疑问的而且已无法查明。因此,我们必须假定占有者有权主张"所有事情均应被假定为以适当方式完成的"(*Omnia praesumuntur rite esse acta*)这一原则。它与私法上的"自古占有"(immemorial possession)相对应;然而,如大卫·约翰逊教授(David Johnson)所指出的,在当代国家之间的关系中,远古起源的想法有时可能已经过时。[②]另一方面,时效有严格的内涵,即允许通过在一定期间内实际行使主权权利来弥补权源的缺陷;换言之,在这种情况下,行使主权权利的基础是明显存在缺陷的权源,该权源甚至自始不合法。所以,在这类情况下,权源是通过"逆权侵占"(adverse possession)的方式取得的。对此类时效取得——它在国际法上极为重要——英国最伟大的国际法学者威廉·霍尔(William E. Hall)曾做出了如下直截了当但却极具启示意义的论述:"虽然在民事生活中,我们可能管理它的运作,使其成为服务正义的工具,我们必须坦诚地承认它在国际上也是被允许的,以保护迄今被视为最高的利益,把它作为纠正非法行为的工具,因为该非法行为得到了如此强有力的展示,它不仅在一时胜出,而且已经长期和稳固地确立起来。"[③]

---

① 对于该问题,可参见约翰逊,载《英国国际法年刊》,第27期(1950),第334页。

② 见约翰逊,载《剑桥法律杂志》,1955年,第219页。

③ 希金斯(Pearce Higgins),《国际法》(*A Treatise on International Law*),第八版,1924年,第143页。见约翰逊,载《剑桥法律杂志》,1955年,第219页。

但是，既然我们很容易便可以看出每种时效取得的结果都是 22
相同的——取得有效的权源——而且对占据的起源总是存在争议，这就不免出现这样一种趋势，即，将它们合并在一起，这样一来，它们之间的区别只是程度上的差异，而并非类型上的区别。“换言之，在国际法上，实际上只有一种‘时效取得’，该原则的适用因具体情况而异”。①因此，从总体上看，我们也许可以参照劳特派特编著的《奥本海国际法》以谨慎的用语界定时效取得：②“在一个特定的期限内，通过连续且未被打断的方式对某领土行使主权而取得该领土的主权，而且，在历史发展的影响下，上述活动使得人们普遍认为当前的实际状况与国际秩序相符。”③

在帕尔马斯岛案的裁决中，胡伯法官以引人注目的方式说明了这种领土取得方式的作用，他基于“连续、和平的领土主权展示”裁定荷兰拥有争议岛屿的主权。胡伯指出，即便假设西班牙基于发现取得该岛的权源，“它成为《巴黎和约》第Ⅲ条规定的转让对象，但作为一种初步的权源，它并不优于另一国连续、和平的主权展示；因为这种展示甚至可以优于另一国提出的先前存在的、确定的权源”。然而，要实现上述情况，必须满足两个条件，即主权行为以及行使主权的意愿：“如果一国不以某些特定的活动或割让条约

---

① 可参见约翰逊，载《英国国际法年刊》，第 27 期（1950 年），第 339 页。然而，约翰逊教授在后来发表的一篇文章中对该观点似乎感到有些后悔。见约翰逊，载《剑桥法律杂志》，1955 年，第 219 页。

② 劳特派特，《奥本海国际法》，第八版，第一卷，1955 年，第 576 页。

③ 霍尔认为，“权源的时效取得是基于长期、持续的占据，而且无法证明财产权利的最初来源，或者合法的所有权人由于疏忽而未主张自己的权利或不能提出主张”。希金斯，《国际法》，第八版，1924 年，第 143 页。

之类的权源为基础提出主权主张，而仅以连续的主权展示主张主权，就需要同时证明存在如下两项要素：以主权方式行事的意图和
23 意愿，以及实际行使或展示主权的活动。”[①]此外，在逆权侵占领土的情况下，单凭声索国的主权展示活动是不够的，主权原属国还必须默许该占据行为。如果后者通过抗议或提起诉讼等方式坚持本国主张，该占据便不属于不受干扰的或“和平”的，一国也不得再依据时效取得主张权源。[②]

毋庸置疑，先占和时效取得之间存在重大的区别。先占仅适用于无主地；在任何情况下，先占从起源上看均是合法的，时间流逝对它毫无作用，有效行使领土主权是其最重要的构成要素。相反，时效取得则是一个具有多种内涵的概念，包括占有的起源不明或存在争议，以及在起源上明显非法的逆权侵占。所以，对时效取得而言，占有必须是长期持续、未被干扰的，而且必须清楚地属于主权活动。同时，它还须得到先前主权持有者的默许，而且新取得的权源需要历经一定的期限才得以巩固。由于公海并非无主地，各国只能通过时效而不能通过先占方式取得公海中某海域的权源。

然而，先占和时效取得之间也存在很多共同点。它们最终都将现存的有效占据和控制合法化。此外，在个案中，从具体的事实和主张来看，先占和时效取得之间的界线经常会变得模糊不清；而

① 东格陵兰岛案（丹麦诉挪威），《常设国际法院判决》，第 A/B 卷，第 53 号案，1933 年，第 45—46 页。

② 比利时与荷兰关于特定边境土地的主权案，《国际法院报告》，1959 年，第 209 页及第 227 页。

且，对个案而言，不论现有和已经确立的主权最初是基于先占，还是通过自古占有或逆权侵占得以确立的，判决的结果可能都是一样的。所以，如果法庭并非总是清楚地指明判决的依据，这便不足为奇了。

三、权源的历史巩固

以有效占据为基础的现实案例面临的不确定性引发了一个疑问，我们能否将有助于创设权源的各种因素统一归纳到“巩固”过程这样一个名目之下，把它们视为该法律过程的组成部分，或将该巩固过程视为取得领土主权的一种“方式”。查尔斯·德维舍①曾 24
在论证挪威渔业案(*Norwegian Fisheries* case)采用的方法过程中提出了这种可能，②他也是该案的一名法官。以下这段话非常重要，我们不妨全文引用：“4. 历史权源的巩固(consolidation by historic titles)。从秩序与和平的角度来看，稳定性是领土状况的基本关切，这也说明了历史权源的巩固在国际法上的地位，以及该原则在适用中的灵活性。考虑到这些情况自身在国家之间关系中

① 查尔斯·德维舍，《国际公法理论和现实》(*Théories et Réalités en Droit International Public*)，1953年，第244—245页；第二版，1960年，第255—256页；考贝特英译版，1957年，第200—203页。约翰逊教授对该观点做了清晰的归纳。约翰逊，载《剑桥法律杂志》，1955年。

② 东格陵兰岛案(丹麦诉挪威)，《常设国际法院判决》，第A/B卷，第53号案，1933年，第130页。“挪威可以主张，它在1869年和1889年颁布的海域边界法及其实施均未遭到外国反对。此外，如上面所证明的，既然这些法令构成一个明确、统一的法律体系，该体系自身得到它国普遍的容忍，这是历史权源巩固的基础，并可对抗所有国家……”

的重要性，以及与它们相关的政治争端的重要性，司法判决专门为这些情形确立了‘不要打扰处于和平状态的事情’（*quieta non movere*）的法律原则。对尚未最终建立国家体制的领土以及海湾之类的海域的特定部分而言，历史权源的巩固可能在实践中更为重要，但它并不适用其他领土取得方式须满足的特定条件。经证明的长期使用是它的根基，长期使用反映了复杂的利益和关系，并具有将某领土或海洋的一部分与特定国家捆绑在一起的效力。法院在裁定是否存在历史权源的巩固时，直接考虑的是这些在具体案件中各异的利益和关系，而并非是否经过了国际法上尚未明确的某个固定的期限。在这方面，历史权源的巩固与时效取得不同，因为它可以适用于无法证明之前属于另一国的领土。它也与先占不同，因为它可以适用于海洋和陆地的特定部分。最后，它也与承认不同——这也是在实践中最重要的一点——它不仅可以通过所谓的默认完成，且对时间无任何要求，也可以通过对方在足够长的时间内未提出反对而完成，对陆地领土而言，利益关切国应对占据行为提出反对，对海域而言，所有其他国家均应提出反对。”

所以，约翰逊教授认为，①德维舍教授“将直接占有和逆权侵占整合到一个名目之下……这样一来，‘巩固’这一方式便涵盖了‘直接占据’（straightforward possession）和‘逆权侵占’……”②

---

① 劳特派特，《奥本海国际法》，第八版，第一卷，1955 年，第 233 页。

② 当然，如我们刚刚提及的，两个概念均属于“取得时效”，但德维舍教授更倾向于使用“巩固”这一术语，“为了避免不必要的讨论，我们倾向于使用‘巩固’这一术语而不是取得时效”。查尔斯·德维舍，《国际公法理论和现实》，第二版，1960 年，第 255 页注 1。

然而，历史巩固的理念绝非只是对法律术语的改革。它为一种新的权源取得方式打开了大门，或者这种方式至少可能与先占和时效取得这些原有的方式存在一些差异。就像我们提及的，时效取得以和平、有效的占据为基础，且这一主权性质的占据持续了一定长的时间。但在存在争议的案件中，这种占据并非不证自明的，必须通过众多相关的证据，特别是第三国的态度，来加以证明，因为态度在与领土权利相关的任何问题上均是一个重要因素。但历史权源巩固提出了关于和超越主权占有证据的新法理；因为，如果我理解准确的话，态度、承认等因素不仅是证明时效存在的证据，它们自身已成为创设权源过程中的决定性因素。让我再次提醒你们德维舍教授的用语："经证明的使用是它的根基，长期使用反映了复杂的利益和关系，并具有将某领土或海洋的一部分与特定国家捆绑在一起的效力"。[①]"法院在裁定是否存在历史权源的巩固时，直接考虑的是这些在具体案件中各异的利益和关系，而并非是否经过了国际法上尚未确定的某固定的期限。"[②]

现在，我们必须认识到德维舍教授的这段话并非关于应然法 26
的建议，它是对法院实际处理领土主权权源问题的富有洞察力和

① 查尔斯·德维舍，《国际公法理论和现实》，第二版，1960 年，第 256 页："经确立的长期使用是它的根基，这种长期使用仅仅被认为是所有利益和关系的集合体，而正是这种集合体将一片领土或海洋空间与某一特定国家联系起来"。

② 查尔斯·德维舍，《国际公法理论和现实》，第二版，1960 年，第 256 页："最后，它不同于国际承认。在这种情况下，它可以被视为取得，不仅是通过时间因素在其中不发挥任何作用的本义上的同意，而且是更轻易地通过在时间充分延长的情况下未提出反对意见，对于陆地领域，有利害关系的国家不质疑获取，对于海洋空间，大多数国家未表示反对"。

启发性的观察。因此，它澄清了不同形式的承认、默许，可能还包括如何赋予禁止反言重要的地位；[1]这显然是正确的。另一方面，对于任何以概述性的方式将“利益”——包括声索者的“利益”——作为决定权源问题的主导因素的做法，我们可能都要相当的谨慎；当然，国际法院在挪威渔业案中恰恰为上述做法提供了一个先例，但相关的限制也是非常严格的。此外，必须强调的是，不论这些不同的巩固因素有多么重要，占有领土这一事实才是巩固过程的基石和必要条件。因此，在领土被实际占据之前，该过程是无法启动的。我们还有必要强调那些第一眼看上去便清楚的观点，因为，就像我们在后面的讲座中将会看到的，对于国家态度之类如此不确切的事项，并非总能轻而易举地区分关于真正法律权源的证据与关于要求转让权源的政治权利或主张的证据。因此，一个精心策划的宣传运动可能看起来会给以强制方式夺取领土提供一些明显的法律基础，因为一个已经存在的、尚不成熟的权源正处在巩固过程中。所以，必须明确的是，只有实际占据已告完成时，权源的巩固过程才能得以启动；此外，虽然没有具体的时限要求，直到以主权方式占据一段时间后，该过程才可能完成。

实际上，必须承认的是，历史巩固这一理念——虽然对国际法上一个尴尬的角落具有某种现实和有用的提升，相关的国际法至今可能仍保持与其私法源头太近的距离——也存在自身的危险，我们应努力避免这些危险。首先，将不同的领土取得概念整合成

---

① 详见本书第三章及之后的内容。

一个不确定的、多功能的概念，有人可能会对此感到遗憾。如约翰逊教授所言，这无疑“在很大程度上简化了该问题”；但国际法需要的恰恰是详细的描述，而并非简化问题。另外，必须指出的是，该 27
“简化”使得我们更难区分和区别对待最初通过非法方式占据领土的情况。历史巩固的整体趋势是把占据的起源的重要性降到最低。这在一定意义上无疑是务实的做法。但是，在当今，随着其他部门的国际法正试图界定和限制在国际关系中非法使用武力或以武力相威胁，它可能造成意想不到的结果。另一方面，通过赋予声望和第三国的态度新的重要地位，历史巩固的优势在于它可以让法律与国际社会当前的立场保持更密切的联系。从某种角度看，历史巩固确实是用词不当，因为巩固的发展趋势实际上是强调相对较近的占据活动的重要性。所以，人们经常引用曼逵尔岛和艾逵胡岛案（*Minquiers and Ecrehos* case）来说明历史巩固的重要性，这确实有点滑稽，因为正是在本案中，双方恰恰在诉讼中花费巨大的精力来证明封建时期确立的权源的效力，而法院却对它们几乎完全置之不理：“具有决定性重要意义的——不是从中世纪时期的事件推导而来的间接性的假设，而是与艾逵胡岛和曼逵尔岛的占有直接相关的证据。”①

历史巩固还是一个贪得无厌的概念，必须给它设定限制。否则，关于权源取得方式的传统体系可能逐渐演变为累积性的禁止

① 曼逵尔岛和艾逵胡岛案，《国际法院报告》，1953年，第57页。

反言(cumulative estoppels)这样一个基本原则。[①]此外,必须注意的是,历史巩固仅暗含在案例报告中,尚无任何法院明确提出这一
28 原则,而且允许一个只是简单且非常明显的想法发展成一项法律原则也可能存在一定的风险。

现在,我们必须讨论另外两个概念了,它们与先占、时效和各种所谓的巩固要素存在密切的关系:时际法原则(intertemporal law)与关键日期(critical date)。

四、时际法

一个行为的效力需要根据该行为完成时的法律确定,而不是提出主张时的法律,这是一项基本和重要的规则。它是法不溯及既往原则的一个方面,从这个意义上讲,可将它视为一项一般法律原则。考虑到国家生命的长度,该原则在国际法上具有极其重要的地位。权源问题特别容易涉及该规则,但它的适用范围并不限

---

① 例如,施瓦曾伯格博士(Schwarzenberger)建议,"领土权源主要适用主权、承认、同意和诚信等原则所蕴含的规则。例如,一国通过割让将领土转让给另一国,领土权源的效力往往是相对的。然而,如果其他国家承认这一双边条约,将其并入某多边条约,或以其他方式阻止自己反对领土转让,该条约的执行范围将变得更加绝对。权源变得越绝对,其来源的多边性就变得越明显。在它从相对性变为绝对有效的过程中,权源经历了历史巩固过程"。施瓦曾伯格,《国际法手册》(*A Manual of International Law*),第四版,第一卷,1960年,第118页。瓦力(Vali),《国际法上的地役权》(*Servitudes of International Law*),第二版,1958年,第29页:"如果一国将本国领土的一部分割让给另一国,一旦割让条约得以合法订立和执行,任何国家均不得反对割让的法律效力或新主权国家行使领土权利的合法性"。

于权源问题。[①]

人们经常引用胡伯在帕尔马斯岛案中的裁决来论证该规则的权威性，但裁决还包含了关于该基本规则的一个重要但却绝非完全清楚的假设，我们必须花几分钟时间来讨论这个假设。

众所周知，在该案中，美国以西班牙将领土主权割让给本国为由主张权源；美国称，西班牙在 16 世纪初期便发现了该岛。因此，时际法原则是美国主张的一项重要依据，因为美国根据该原则辩称，单纯的发现在当时便足以创设权源；然而，到提起仲裁的时候，单纯的发现而未占据领土已不能创设权源。荷兰在答辩中并未否认时际法规则的效力，但它提出了如下反驳意见："领土的权源在国际法上并非这样一种法律关系，即，权源的存在和构成要素仅是一个时间点的事情……法律关系并非在某一时间点便形成或终结的，它具有长期性，因此，在判定该关系后续的法律地位时，绝不能忽视法律在随后的发展变化情况。"[②]无论如何，胡伯似乎在某种
程度上接受了该观点。下面，我们可以看看裁决书中众所周知的 29
一个段落，胡伯在该段中论述了时际法原则："双方均承认，从中世纪末至 19 世纪末，关于发现的权利与取得无人居住地区或野蛮人或半文明人居住地区的国际法发生了巨大的变化。双方也均同意，应依据与之同期的法律评估法律事实，而不是与之相关的争端

① 关于该原则的适用，如"条约"的有效性和效力问题，可参见通行权案。见奥本海，《国际法》，第三版，第 255 页注 1。关于该原则对权源问题的适用，可参见格里斯巴丹那案(*Grisbadarna* case)。

② 摘自《荷兰的申请书》。杰塞普(Jessup)在论文中引用了该内容，并对帕尔马斯岛案的裁决提出了重要的质疑。杰塞普，载《美国国际法评论》，第 22 期(1928)，第 735 页及以下诸页。

发生时或争端待解决时有效的法律。因此,应依据16世纪上半叶的国际法判定西班牙发现行为的效力——或者(选择最早的时间)16世纪的头25年的法律,即葡萄牙或西班牙最早出现在西里伯斯海的时候……

对于下面这个问题,即,对某特定的情形应适用在先后时期内占主导地位的不同法律体系中的哪一个(所谓的时际法问题),我们必须区分权利的创设与权利的存在。根据时际法原则,创设权利的行为应适用权利产生时的法律,同样,该权利的存在,即它的后续展示,则应满足法律变化所要求的条件。”

所以,时际法规则包括两方面的内容:一、必须依据实施某行为时的法律评估该行为;二、声索国,如果我们可以这样表达的话,必须与法律保持同步,来维持其权源。第二点是对时际法规则的一个重大调整,遭到了学界的批评。[①]

那么,它到底是什么意思呢?首先,在提出这种观点的整体背景下理解这段话是非常重要的。即便在较早的时期,对于发现能否创设权源或者只创设初步的权源,学界已经做了很多讨论。除非初步的权源最终得以巩固为完整的权源,它显然是毫无价值的。所以,裁决所指的意思仅限于此,而且仅针对两国之间的特定问题;但是,裁决使用的非常一般性的用语使得它很难符合这种解读。

此外,裁决书特别强调了维持权源的重要性。为此,裁决书指出,“如果仅对取得行为要求有效占有,而不对权利的维持提出同

① 杰塞普,载《美国国际法评论》,第22期(1928),第735页及以下诸页。

样的要求，我们很难想象，自 18 世纪中叶以来，国际法为何不断增强对占有有效性的要求”。裁决书还指出：“领土主权……涉及展 30
示国家活动的排他性权利。该权利还具有相应的义务：在本国领土范围内保护他国的权利，特别是它们在和平和战争时期领土完整和不受侵犯的权利，以及每个国家对位于他国领土内的本国国民可提出的主张。如果一个国家未能以与具体情形相应的方式展示其领土主权，它便无法履行该义务。领土主权并不能仅将自己限定为排他性的一面，即排除他国的活动；它在国家之间划分了人类活动的空间，以保障他们在任何情况下都得到最低限度的保护，而国际法正是其守护者。”

上述分析是合理的，我必须再次提醒大家，我们讨论的并非土地的所有权而是领土主权，领土主权的行使既包括义务也包括权利。所以，在存在一个积极的对抗主张的情况下，一国未展示主权这一事实应当阻止它继续行使该权利，这种观点可能是正确的。一国未能根据领土的性质对其维持最低程度的主权活动，可被视为放弃了权源。但是，必须清楚地认识到，如果权源有任何意义的话，面对一个竞争者的活动，该放弃构成新的时效取得的必要条件。我们应将要求维持权源的规则解释为，如果未能维持与对抗性的声索国至少程度相当的活动，原本拥有权源的国家将丧失该权源。拥有权源的国家仅需要证明它从未默示放弃本国的权利或默认对方的主张。杰拉德·菲兹莫里斯(Gerald Fitzmaurice)很明确地指出了这一点：“如果领土的主权原属国不存在消极行为或不作为，想通过‘时效’主张取得领土的国家的任何活动均不能发挥任何作用。这最终可能转化为默示放弃、放弃或默认，它们构成了时效取得权源的必要因素。”[1]

如果我们允许时际法规则第二个方面的内涵超越这一点的话，它不仅会导致权源不再具有任何意义，而且时际法规则也将实际上无法发挥第一个方面的作用。换言之，它意味着可在任何时间再次取得权源。在这种情况下，任何权源都是不安全的，而且法
31 律应有的目标——稳定性——也将彻底受挫。想规避时际法基本原则的近期尝试均并不是非常成功，例如，印度主张，由于征服已经过时，葡萄牙过去基于征服取得的对果阿地区的权源也不再有效。[2]后续的事件表明，这种主张产生了令人尴尬和自食其果的效果，而且，这也成为一个超级敏感的话题。[3]

但现在我们需要讨论另外一个议题，即所谓的关键日期，它对涉及领土有效占据的诉讼具有重要的作用。

---

① 菲兹莫里斯，载《英国国际法年刊》，第 32 期（1955—1956），第 31 页注 1；另一方面的意见，可参见查尔斯·德维舍，《国际公法理论和现实》，第二版，1960 年，第 201 页。

② 例如，可参见乔杜里（Chowdhury），《印度境内的葡萄牙领土》（*Portuguese Territories in India*），1956 年，第 2 页。

③ 然而，印度在兼并果阿后仍在安理会主张该理由。参见贾先生（Mr. Jha）1961 年 12 月 18 日的发言：“如果提出狭隘的合法性考虑——这些考虑源自欧洲作者撰写的国际法——这些作者毕竟是在殖民主义的环境下长大的。我对格劳秀斯满怀尊敬，他被尊为国际法之父，而且我们接受国际法上的很多原则。它们仍然规制当今的国际关系。但是，我们不能再接受关于殖民强国对其在亚洲和非洲夺取的领土享有主权权利的原则。它是一个欧洲概念，而且它必须寿终正寝。”联合国安理会会议记录（Council Verbatim Records），第 S/PV. 987 号，第 26 页。

五、关键日期

在关于领土主权的众多重要案件中，法庭有时会指出——这并不让人感到意外——根据案件的事实，某特定的日期似乎是“关键的”，即，领土在该日期的法律地位可以在很大程度上决定两种不同的判决结果。以上述关于关键日期的理念为基础，国际法在近年来已经形成了较为完善的规范，但国际法的教科书却很少提及这一规则。

总体上看，正如几个例子便可说明的，如果并非不言自明的话，关键日期的理念也很容易理解。胡伯在帕尔马斯岛案中似乎首次使用了这一术语。在该案中，美国以西班牙根据1898年12月10签署的《巴黎和约》割让帕尔玛斯岛为依据主张其主权。显然，美国这一主张的有效性取决于西班牙在条约规定的割让时刻是否拥有该岛的主权。为此，胡伯很自然地将该条约的日期称为“关键时刻”(critical moment)。[①] 东格陵兰岛案的核心问题是，挪 32
威主张于1931年7月10日对该岛实施先占时，丹麦是否已经拥有它的主权，该日期也就成为案件的关键时刻，法院将其称为关键日期。[②]

但并非每个案件均有如此明显的关键日期。在有些案件中，

---

① 见本书附录，第97页（注释中所标注的本书页码均指本书的边码，后同，不赘。——译者）。

② 东格陵兰岛案（丹麦诉挪威），《常设国际法院判决》，第A/B卷，第53号案，1933年，第45页。

我们可能只能将把争议提交仲裁的日期或争议一方提出主张的日期定为关键日期，或者有时被称作“领土争端必须被视为已经明确化的日期”。①不论将关键日期定为哪一天，根据已经赋予该规则的功能，它的作用在于，当事方在该日期之后的任何行为均不能再影响争议的问题。为此，菲兹莫里斯爵士指出：②“被提交诉讼程序的所有争端显然都必须存在一个关键日期，当然它永远不得晚于启动争端法律程序的日期。当事方在该日期后的行为不能影响它们在当时的法律地位或权利。对涉及领土主权争端的案件而言，关键日期问题往往具有特殊的重要性，这不仅因为很多情况均需要依据该日期判定，而且如何确定该日期自身也可能成为案件中的一个主要问题。关于这一点，英国政府在曼逵尔岛主权归属问题上持如下立场：③

……根据关键日期的法理……不论[争议领土]在关键日期时的地位如何，这仍将是它在目前的地位。不论当事方在当时的权利如何，它们仍将是当事方在目前的权利。如果它们其中之一拥有主权，它现在仍拥有该主权，或者应被视为拥有该主权。如果各当事方均不拥有主权，那么任何一方目前均不拥有主权……实际上，关键日期规则的宗旨和目的在于视时间在该日期已经停止。

---

① 劳特派特，《国际法院对国际法的发展》(*The Development of International Law by the International Court*)，1956年，第242页。

② 关于该问题，可参考菲兹莫里斯的一篇论文。该文中还有关于领土主权取得等方面的许多宝贵资料。菲兹莫里斯，载《英国国际法年刊》，第32期(1955—1956)，第20页及以下诸页。

③ 见菲兹莫里斯的答辩，他担任英国政府的律师。曼逵尔岛和艾逵胡岛案，《国际法院庭审记录》，1953年，第2卷，第64页。

之后发生的任何情况均不能改变当时存在的情况。不论当时的情形如何，应在法律上将其视为继续存在，当事方的权利也应当受其规制。”

确定这种意义的关键日期可能是一件非常微妙的事情。它不
再是一个明显的选择，反而成了一个需要认真判定的问题，而且可 33
能成为双方争论的问题，曼逵尔岛和艾逵胡岛案就恰恰属于这种情况。在该案中，法国试图依据 1839 年的《渔业协定》主张本国仅有必要证明在该日期拥有主权即可，并据此否定双方在 1839 年后的主权活动证据与案件的关联性。如果法院把该日期认定为关键日期，将对法国非常有利，因为 1839 年后的大量主权活动对英国极为有利。英国自然希望将关键日期定为一个更晚的日期。英国政府的律师菲兹莫里斯爵士分析了在这种情形下对关键日期进行适当调整的重要性：[①]“……在事件演化的一般过程中，假定两国之间已经产生了具体的争端，而且它们决定通过国际裁判解决争端，关键日期原则上应为它们一致同意将争端提交法庭的日期。然而，在某些情形下，关键日期可能是其他日期……关键日期的一个目的在于防止当事一方在争议已经得以明确地确定后仍单方面采取某些措施来提高自身的地位，例如，当事一方拒绝或回避解决争端，如拒绝提交仲裁……

关于将关键日期定为过晚的某个日期，我们就讨论到这里。但是，同样重要，如果并非更重要的是，我们也不得将关键日期定

---

① 见菲兹莫里斯的答辩，他担任英国政府的律师。曼逵尔岛和艾逵胡岛案，《国际法院庭审记录》，1953 年，第 2 卷，第 68—69 页。

为过早的某个日期，因为这将导致排除任何当事一方完全有权通过采取合法步骤来主张或经营本国主张的活动……把关键日期确定为过早的日期将鼓励相关国家提出书面主张，而无须继续推进或坚持该主张，因为该国知道提出主张自身便足以冻结法律地位，排除另一方的后续活动或使之归于无效。”

结果，国际法院在该案中实际上回避了判定关键日期。法院指出，法国直到 1886 年和 1888 年才分别对艾逵胡岛和曼逵尔岛提出主权要求。法院认为，考虑到案件的特殊情况，法院应当考虑上述日期后的活动，除非当事一方故意以提高自身的法律地位为目的而实施该活动。所以，实际上，法院驳回了法国关于关键日期的主张，但法院同样也未——至少未明确地——支持英国关于将关键日期定为 1950 年的主张，两国在当年达成了将争端提交法院的协定。

34 法院未试图更准确地判定关键日期也许是明智的做法，他们似乎能够对案件作出一致判决，而无须准确地说明所认定的关键日期，这也是一个很重要的考虑。当然，此类案件通常涉及一个或多个对案件判决至关重要的日期或期限，而且同样明显的是，选择一个日期可能对当事双方中的一方更有利，这导致关键日期这一规范已经成为诉讼艺术中一个重要和微妙的工具。然而，允许一个只是描述性的术语或最多属于分析或解释的工具发展成一项原则或者甚至是一项“规则”，也可能存在一定的危险。人们似乎在几种非常不同的意义上使用该术语。

例如，纵观其整个过程，某争端可能在一个特定时刻已经“明确化”（虽然该术语几乎不具有非常确定的内涵，而且实际上可能经常会引发争议），而且正义可能要求不允许当事一方在该时刻之后通过采取某些活动来提高自身在随后关于该争端的诉讼中的法律地位。但是，对于这种意义上的关键日期，我们只能通过考察诉讼的性质来判定，并裁定哪些是关于行使主权的真正证据，哪些是必须排除的纯粹为了提高自身地位的策略。基于上述考虑，法院必须认识到不得通过某种先验性的方法确定一关键日期，而且一旦确定了该日期，它将自动区隔真正的证据与不相关的证据。从这种意义上讨论或考虑关键日期无疑是非常方便的，但是，如果把它升格为一项原则，便会出现某种风险，即，将注意力从问题的实质转移到关于时间的意外选择。

但是，在帕尔马斯岛仲裁案之类的情形下所指的“关键日期”，与在争端明确化的意义上使用该术语之间存在很大的区别。当一方以割让为据主张主权时，割让条约日期时的情况必然是关键的，因为这是该国权利的来源。不论涉及该权利的某争端是否已经达到“明确化”的阶段，该日期均是关键的；而且，实际上，即便未发生任何争端，割让日期对权利创设仍是关键的。那么，现在假设在帕尔马斯岛案中，美国确实通过割让取得了完整的权利。该主权是否得以保持仍然将会是一个问题，另一方在之后的占据行为将形 35
成另外一个关键日期。而且，即便在这种情况下，从争端明确化的意义上而言，关键日期的问题仍可能存在。但是，如果一个简单的争端明显涉及两个或多个关键日期，我们显然无法继续坚持在下面的意义上定义关键日期，即双方在该日期之后的行动均无法改变领土的地位，因为相关的日期仅具有相对的关键性。此外，一个日期可能与权利存在绝对的关联，而另一个日期可能与在某特定诉讼中证明该权利的存在相关。

所以,把实体法上这些众多不同的考虑强行放入一种模式中到底有什么实际作用,是值得质疑的,因为这些考虑可能都涉及某个特定的关键日期。

小　结

如果现在可以从整体上简要回顾以上讨论,我们也许可以做个小结。实际有效行使主权控制作为一种权利来源的观念经历了重大的变革,并得到了详细的解释。相关国际法规则仍然坚持必须依据某活动完成时有效的法律来判定其效力,但该规则另一个方面也强调主权持续展示的重要性,所以,从这个意义上讲,这方面的国际法不仅考察权利的良好来源,还要求对权利进行实际和有效的经营。然而,关键日期规范对此作了一定的调整,它实际上提供了一种方法,将焦点集中到持续展示主权过程中的某个时刻,并在存在对抗性主张的情况下实现正义。与此同时,历史巩固的概念反映了法律权利创设过程的本质,促使国际法开始偏离作用有限的与私法进行类比的方法,并可能更多地关注国家实践。然而,它却带来了关于承认、默许、禁止反言在该过程中的地位的一些新问题。我们将在下一讲中详细讨论这些问题。

第三章　承认、默许和禁止反言 36

在这一讲中，我想讨论承认、默许和禁止反言（recognition, acquiescence and estoppel）在领土主权权源问题上的地位。

承认和默许之间显然存在重要的区别，当然，在现实情形中，特别是在涉及默示性或默许性的承认的情况下，我们并非总能轻易地区分二者。承认，即便它是默示性的，是指一国积极做出的认可，默许可以只因一国未对某种情形提出抗议而成，国家在该情形中存在抗议的权利，且须要行使抗议权。[①]然而，承认和默许都属于一国合法、有效地表达同意的方式。那么，这些不同形式的国家认可与领土主权权源的取得到底存在什么关联呢？

人们无须做过多的调查便会发现，国家实践和国际法庭的判例将这些表示同意的方式认定为创设领土权源的重要因素。但是，这并不意味着该问题非常简单。为了更好地理解它，我们必须首先尝试区分第三国同意与领土权源取得可能存在关联的不同情形。部分地将该问题视为一个涉及权利相对性的问题可能有助于

---

① “默认可采取沉默或不予反对的形式，而在相关的情况下，有关国家需要做出积极的回应，以表示反对。”迈克吉本（MacGibbon），载《英国国际法年刊》，第 31 期（1954），第 143 页。

我们更好地理解它：要在国际法上针对一国形成某项权利，该国的同意在多大程度上是必要的；要构成一种对世性的权源，一国或多国的同意在多大程度上是必要的？[①]

我们在第一讲中已经提及一个新国家产生于之前属于另一国
37 主权范围内的领土的情形。在这种情形下，承认在领土权源建构上扮演着主要的，甚至是决定性的角色。在此种情形下，我们往往无法将领土主权权源的唯一构成因素从新国家的形成过程中区隔出来，因为二者互为组成部分。

在这种情形下，承认在权源创设上作用的大小取决于人们对国家承认的性质的看法。我们在这里讨论国家承认的性质问题可能有些过分偏离主题。但是，如果可以将新国家对于本国领土的权利视为本国在领土上存在这一事实的产物，那么，它显然与下面这种方式存在密切的关系，即由于其意图和行为，权利从一个既存的国家转移至另一国。然而，二者之间也存在区别：对于新国家的形成，时间的流逝在权利创设上并无任何作用。不论一个实体发展成完整的国家人格的过程多么缓慢，我们总可以确定它在某特定的时间点获得了全面的人格，而取得独立国家人格的时间也就自然应被视为领土权利的创设时间。当然，这一制度的运作可能取决于一系列的承认，这些承认可能在不同的时间做出，即便不考虑承认的溯及力，这仍会导致权源出现碎片化，这显然是与权源的

① 查本蒂耶对此作了有益的探讨。查本蒂耶(Charpentier)，《国际承认与国际法的沿革》(*La Reconnaissance international et l'Evolution du Droit des Gens*)，1956 年，第 II 章。

法理完全不符的。对于这种情况，历史权源的巩固过程具有发挥作用的空间，但在该过程中，单纯的时间流逝并不能发挥任何作用。权源要素的碎片化无疑并不好，但只要缺乏集体性的国家承认方式，这种现象将是不可避免的。

然而，必须注意的是，即便新的法律人格形成了——一个新的主权国家——国际法并不允许它以白板（*tabula rasa*）的状态开启法律生命。国际法上确立了国家继承原则，领土继承显然是继承原则的核心内容。所以，前人告诉我们，即使一个新国家对该领土的权源在某种意义上说可以是全新的和原生性的，它也将继承与领土相关的权利和义务。同样，如果一个新国家继承了一块领土，且该领土的边界自身存在争议，该国便同时继承了该争端：换言之，单凭领土转移至一个新国家并不能对抗第三国对某块领土的
主张，因为主权权源——如果该主张是有效的——是一种典型的 38
“物权”权利。当然，声索国自身也必须未承认新国家对该领土的权利。然而，这可能只适用于争议领土面积相对较小的边界争端。如果把上述情形推至极端，假设争议领土是该新国家立国的唯一的领土基石，那么，在其国家人格得到承认的同时，这似乎意味着挫败了其他国家对该领土的主权主张。简言之，只有在新成立的国家的领土界限存在疑问或模糊性的情况下，关于该领土的对抗性主张才可能得以继续存在。而一旦有足够多的国家承认了新国家，这显然暗示它们承认了该国对争议领土的权利，并将因此挫败其他国家对该领土的主张。

现在让我们把新国家产生的问题放一边，讨论承认在现存的国家取得领土主权上可以发挥的作用。

首先,非常明确的一点是,即便它们自身在实体法上并非权源的一种构成要素,对法律或事实立场的所有形式的认可均具有重大的证明或证据价值。所以,承认——当然也包括默许——单凭上述原因,就很可能在领土问题上具有重要地位。它的上述作用是不言自明的。我们只需要考察东格陵兰岛案即可。在该案中,丹麦积极地收集第三国承认其对于格陵兰岛主张的证据,而且国际法院也愿意赋予它们重要的分量。现在的问题是,承认自身是否构成权利的来源,或至少构成权利来源的一种因素,而并非仅是一种证据。显然,这种区分是非常精细的,但它却是相当重要的。首先,让我们从它与传统的领土取得方式之间的关系角度来分析该问题。

如果先占或割让等确实是国际法允许的领土主权取得方式,那么,不论承认对证明通过先占或割让方式取得领土主权的权源有什么帮助,国际法必须假定它们自身便足以达到上述目的。如果一个国家对某无主地实施了有效先占,它便立即取得了可对抗整个世界的权源。如果可以要求他国承认该权源,该国在法律上完全可以提出这种要求。所以,认为承认创设了权源是一种本末倒置的错误看法。

实际上,对于先占而言,国际法是否要求公开先占的主张都是
39 存在疑问的,更不必说是否要求他国承认了。当然,某些国际法学家主张国际法要求公开先占主张,[①]而且国内法也基于大致相同的理由设有类似的制度要求土地转让公开。但是,主流的观点似

① 参见韦斯特莱克,《国际法》,第一卷,1940 年,第 100—101 页。

乎认为国际法并不要求公开先占主张。[①]所以，我们的结论似乎应当是承认和默许与通过先占方式取得领土主权的权源完全无关。[②]

然而，当我们分析时效取得方式时，情况将变得完全不同。在时效取得过程中，至少对逆权侵占而言，时效取得所针对的国家的默许构成该过程的核心要素。至于承认，如果该国承认了声索国的权源，那么，辩论结束(*cadit quaestio*)。然而，对于这种情形，第三国的承认和默许则完全无关。它们与该问题并无任何法律关联，除非第三国的承认可能构成相关证据以证明时效取得所针对的国家必然已经知晓对方提出的主张：公开占有在这种情形下是一种重要的构成要素，因为任何国家均不得通过武力、窃取或许可的方式占有领土(*nec vi*, *nec clam*, *nec precario*)。

但是，在两种情形下，从一般意义上讲，国家的态度——并不仅限于某特定的声索国——与权源问题具有更直接的关系。首先，争议的问题并非对某块陆地领土的权源，而可能是主张公海的部分区域，所有国家的态度，不论是以承认或默许方式展示出来，显然都与该权源相关。在这种情形下，时效取得的对象并非一个

① 见《奥本海国际法》对此所做的归纳："国际法上的任何规则均不将向他国通报先占作为有效先占的必要条件。对于将来在非洲海岸的先占，1885 年《柏林会议关于刚果的总议定书》规定，缔约方应相互通报。但是，对 1919 年 9 月 10 的《圣日耳曼公约》的缔约方而言，该议定书被废除。"劳特派特，《奥本海国际法》，第八版，第一卷，1955 年，第 559 页。

② 同样，查本蒂耶考察了相关的先例，并得出了如下结论："我们可以将所有此类实践总结为一句话：未经其同意，某国对无主地实施有效的政府职能便可直接对抗第三国"(原著使用了斜体)。查本蒂耶，《国际承认与国际法的沿革》，1956 年，第 70—74 页。

40 国家的领域，而是公有物。所以，历史权源的巩固在这种情形下才构成例外情况。必须指出的是，也正是在这种情况下，挪威渔业案才明确论述了这种概念。

第二，即便在仅有两个声索国的争端中，若不存在针对公有物的时效取得问题，而且该过程涉及可以被称为自古占有的方式而不是逆权侵占的方式，第三国的态度也可以与权源的取得存在直接关系。在这种情形下，实际上，普遍的“看法”显然对权源取得过程是至关重要的。

现在必须马上指出的是，虽然我们能够出于理论探讨的目的区分先占、时效和历史权源的巩固，短暂的思考过后，我们会发现上述区别在现实案件中可能会显得非常模糊：不仅事实的法律解读，而且事实自身，都可能是存在争议或者是不明确的；在很多现实案件中，先占、时效或历史权源可以是对同一事实相互替代性的，甚至互为补充性的法律解读。就我们当前的目的而言，明确以下一点便足够了，即，在现实情形中，面对涉及领土主权的相关案件，对于任何国际法庭而言，承认以及默许几乎总是初步相关的考虑及随后应考虑的因素。[1]所以，我们必须对如下想法保持警惕，

[1] 迈克吉本，载《英国国际法年刊》，第 31 期(1954)，第 143 页：“以与现有法律明显相符的方式取得权利，无须通过默认来确认其有效性。然而，我们在很多情况下并不能清晰地界定国际法准许的行为与国际法禁止的行为之间的界限。一种做法在某个时期可能是被明确禁止的，但由于不断重复，而且得到他国的同意，它可能为后来的规则所接受。在一个未全面发展的法律体系中，某种新的行为符合现有法律的程度可能是不可预见的，这并不令人感到意外。由于不具备令人满意的权威的司法途径，断定此种行为的合法性可能取决于他国对其做出的明确认可，或者他国在某段时期内表示的默认”。关于此观点的应用可见本书下文第 62 页。

即，国际法上有与普通法上的诉讼格式(forms of action)存在一丁点相似的概念。正是在这种情形下，历史权源巩固的概念才在一定程度上有存在的必要，但正如我们已经看到的，它的某些影响仍尚不明确。

然而，我们仍必须再次强调，只有存在有效占据的前提下，第
三国承认某状况才能成为权源巩固的一种方式。① 应该说，它可 41
以协助或加速某过程，而已经存在的有效占据是启动该过程的必要条件。现有实践中并无证据表明第三国的承认自身便足以给一国未实际占据的领土创设权源。②

一、禁止反言

通过禁止反言或者你可能更倾向于使用的阻止原则(principle of preclusion)来表达承认甚至是默许的上述效力也许是一种极具诱惑力的做法。国际法已经接受了这一原则，这一点在当今是毋庸置疑的。如麦克奈尔所言，“一个人做出或同意某声明，而且与之存在共同利害关系的另一人基于此改变了自身的立场，那么，他便不得在日后主张不同的事实情况。可以说，任何法律体系中均有这种规则”。③

---

① 见本书上文第 26 页。

② 施瓦曾伯格，载《美国国际法评论》，第 57 期(1957)，第 317 页：“除一种情况外，承认另一国的领土主张并不能影响有效占据领土者的法律地位。承认另一国的领土主张剥夺了实际控制领土的国家获得认可其自身权利的机会”。

③ 麦克奈尔，《条约法》(*Law of Treaties*)，1961 年，第 485 页。

首先需要说明的是，我们必须对国际法上的禁止反言原则持相对谨慎的态度。该原则以类比方式源自普通法，而它一旦从普通法上严格限制其运作的技术枷锁中摆脱出来，就会面临如下危险，即，它会被适用于一国对某法律问题以明示或默示方式采取某种态度的几乎所有的情形。这只会导致实际的法律问题及相关的法律原则变得更加模糊不清。在柏威夏寺案中，菲兹莫里斯法官发表了单独意见，对赋予禁止反言原则自身可实际承载之外更多的分量这种诱惑性的看法提出了令人印象深刻的警告。[①]他的论
42 述是如此重要，请允许我全文引用如下："然而，如果可以证明当事一方已经通过行为或其他方式承担某义务或受某义务的拘束，在这种情形下，再依据阻止规则或禁止反言是完全没有必要的或者是不适当的，尽管该规则的用语在实践中往往被用来描述这种情形。所以，如果A已经接受某项义务，或者已经受某特定文件的拘束，他便不得再否认这一事实，出尔反尔。A确实不得再进行否认，但是，这实际上仅意味着A有义务，而且正受该义务拘束，他不能通过否认义务的存在而逃避该义务。换言之，如果可以证明该否认是错误的，就没有任何空间或必要来主张阻止或禁止反言。禁止反言实质上是对可能是正确的否认的一种排除方式——不论

---

① 柏威夏寺案，《国际法院报告》，1962年，第63页。保罗·罗伊特(Paul Reuter)在本案的口头答辩中对禁止反言做出了明确的界定："我们可以将像这样在国际法上收到的禁止反言定义为一种抗辩，对抗那些即使符合事实，但与某一方先前的态度相反的引证。我们不需要进入盎格鲁—撒克逊人的法律分析中很擅长的机敏精妙中，只需要简单地指出在国际关系中，法理将禁止反言看作一种机制，以呼应诚信这一普遍原则并规范人类社会的安全需要。"

该否认是否正确。因此，它的适用必须受到一定的限制。所以，严格而言，在当前情况下，阻止或禁止反言规则的适用空间只限于如下情形，即，相关当事方未做出承诺或接受存在争议的义务（或者对此存在质疑的空间），但该当事方的行为不能允许它否认存在某义务或受该义务的拘束，并造成了此种后果。”

除非形成了更丰富的法理，国际法上禁止反言的准确限制仍然是一个存有一定疑问的问题，至少从目前来看，这种观点仍然如此。但是，这只强调了谨慎行事的重要性，特别是在权源问题上的重要性。禁止反言或阻止自身能否成为主权的一种权源，仍存在不确定性。它可以协助确定以其他依据为基础的权源，但是禁止反言自身可能根本无法直接构成一种权源。[①]

二、禁止反言和承认

让我们先来分析通过承认运作的禁止反言对领土权利问题有多大的影响。施瓦曾伯格博士曾在一篇重要的论文中以引人注目的方式讨论了该问题：“作为国际法上的一种一般性的工具，承认的灵活性使得它成为在与其他国家关系中创设领土主张有效性的一种极为合适的方式。不论该权源多么微弱，不论是否存在任何其他标准，在一国承认某权源的情况下，承认均阻止它在将来任何

① 参见本书下文第 50 页注③。

时候再反对其有效性。”①

可能在某特定的条件下，我们一下将说明该条件，上述观点是无懈可击的。如果禁止反言能够得以适用的话，它将在被承认的
43 权源不论多么微弱，甚至是否存在的情况下得以适用，正像我们刚从菲兹莫里斯法官那里学习到的，禁止反言“实质上是对可能是正确的否认的一种排除方式——不论该否认正确与否”。

但是，在我们能够理解这段话的相关性之前，我们必须提出另外一个问题，受制于禁止反言原则的国家的看法在多大程度与某特定权源的创设可能相关或不相关。如果做出承认的国家是唯一的另外一个领土主权声索国，承认本身可能具有决定性的意义。我们只需要参考东格陵兰岛案即可。在该案中，常设国际法院给予了挪威和丹麦之间的某些条约极大的分量，这些条约含有排除性条款，挪威因此实际上已经承认了丹麦对于东格陵兰岛的主张。法院指出：“通过接受这些双边和多边协定对自身的拘束力，挪威再次确认了本国承认格陵兰岛的全岛属于丹麦；因此，它已经阻止了自己再挑战丹麦对整个格陵兰岛的主权，而且，它因此也不能对该岛再实施先占。”②

对这段话，麦克奈尔勋爵曾指出：“如果你不想称之为禁止反

① 施瓦曾伯格，《美国国际法评论》，1957 年，第 316 页。

② 东格陵兰岛案（丹麦诉挪威），《常设国际法院判决》，第 A/B 卷，第 53 号案，1933 年，第 68 页。

言,你就必须为它再找一种称呼。”① 44

另一方面,如果承认是第三国做出的,而且该国自身对领土不可能主张任何权利,承认的地位,如我们已经看到的,将是非常不同的。第三国的承认不能影响权源,除非众多其他国家也类似地承认了该权源,在这种情形下,承认的累积效果可能构成权利巩固过程中的一项要素。也许,存在疑问的是,我们把这一过程视为禁止反言是否有任何作用。②关于主权权源的一系列承认肯定有一定的证明价值,③而另一方面,拒绝承认也可以严重危及某主张。

---

① 麦克奈尔,《条约法》,1962年,第487页。麦克奈尔勋爵在这里讨论的是国际法上的禁止反言与普通法上的这一概念的相似程度。他认为,“特别是,普通法要求当事一方因相信另一方做出的声明而做出某种行为并损害自身的利益,该要求是否应成为国际法上禁止反言的一个必要因素是存在疑问的。前文引用的东格陵兰岛案的判决中并不存在此种因素——除非对其进行某种牵强的推理。然而,虽然很难说丹麦因相信这些声明而采取行动并对自身造成不利,法院仍认为将东格陵兰岛归为丹麦领土的两个条约阻止挪威提出相反的主张,我们能够对法院的做法提出什么质疑呢?”关于该问题,我们可以参阅菲兹莫里斯法官在柏威夏寺案判决中发表的特别意见(*Temple* case, *loc. cit.*, p. 63.)。他认为,“严格来说,主张阻止或禁止反言原则的当事一方必须已经‘信赖’另一方的声明或行为,以至于给自身造成不利或给对方带来利益,这是禁止反言原则适用的基本条件。对主张阻止或禁止反言的当事一方而言,通常所要求的必须造成‘地位的改变’实际上体现了该基本条件。一种错误的认识是,地位的改变意味着主张阻止或禁止反言的当事一方必须因对方的声明或行动而通过采取行动来改变自身的立场。它当然包括这种情形,但是,它实际上指的是这些声明或行动必须导致双方的相对地位发生了改变,使得一方的地位下降,或另一方的地位上升,或二者同时发生”。包韦特(Bowett),载《英国国际法年刊》,第33期(1957),第193页。

② 禁止反言一般仅对当事方的声明及其利害方产生影响。对于该观点,可参考包韦特,载《英国国际法年刊》,第33期(1957),第182页。

③ 然而,真正的禁止反言与许可和陈述等是不同的,它们只具有一定的证明价值。一旦得以适用,禁止反言具有强制性。见包韦特,载《英国国际法年刊》,第33期(1957),第195页。曼逵尔岛和艾逵胡岛案是认可其证明价值的一个例子(*Minquiers and Ecrehos* case, I. C. J. Reports, 1953, p. 71.)。

这可能就是施瓦曾伯格博士所指的情形，“承认这一工具可被用作一种独立的权利来源”。[①]然而，需要质疑的是，在这种情况下，将承认的功能视为一种禁止反言到底是否有用，或者甚至是否准确。毕竟，第三国对权利主张的实际承认才是核心要素，而并非进一步提出的新观点，即，承认国在特定情形下可能发现自身因禁止反言而不能再否认权源的有效性。实质上，禁止反言在多大程度上及在什么情况下是可拒绝或撤销承认是它面临的主要问题。它的效力并不清楚。

此外，承认是否总是以禁止反言的方式发挥作用也并不清楚。一种观点认为，从其性质上看，事实上的承认是暂时性的，约束力当然比法律上的承认要小，所以，无论如何，均可在特定的情形下加以撤销。这种观点获得了较强的权威支持，但也并非无可争议
45 的。[②] 这无非是说，在这些情况下，事实上的承认绝不能以禁止反言的方式发挥作用。[③]

---

① 施瓦曾伯格，《国际法》，第三版，1957 年，第 318 页。

② 劳特派特，《国际法上的承认》(*Recognition in International Law*)，1947 年，第 349—357 页。劳特派特认为，在一定条件下，法律承认也是可撤销的。1940 年，英国发布声明，“撤销本国政府对于意大利征服埃塞俄比亚的法律承认”，这是撤销对领土兼并法律承认的一个例子。参见泰斯玛等人诉意大利政府案(*Azash Kebbeda Tesema v. Italian Government*)，《国际法案例年刊》，1938—1940 年，第 36 号案。劳特派特引用并评论了该案例。他认为，“与其他形式的承认相比，关于新权源的承认具有协议安排的性质，因此，不得将英国政府的行为视为武断的”。劳特派特，《国际法上的承认》，1947 年，第 356 页。

③ 可参见蒂诺科案(*Tinoco* case)。不承认某政府并不必然构成禁止反言。参见《美国国际法评论》，第 18 期(1924)，第 147 页。

三、禁止反言和默许

很显然，默许在法律适用中与禁止反言存在一定的关联，[①]虽然两者是非常不同的概念。所以，菲兹莫里斯爵士在柏威夏寺案中指出："从理论上而言，[阻止原则]与默许存在很大的区别。但默许在特定的情形中能够发挥阻止或禁止反言的作用，例如，在有义务或需要发声或做出行动的情况下，沉默暗示着同意，或者放弃权利，这些情形可被视为上述效果的典型代表。"[②]哥斯达黎加—尼加拉瓜边界案（*Costa Rica-Nicaragua Boundary* case）中的一种领土主张可以适当地说明该观点，[③]尼加拉瓜在该案中主张，确定两国边界的 1858 年条约并不具有拘束力，因为第三国圣萨尔瓦多作为保证人并未批准该条约。仲裁员驳回了这种抗辩，并指出尼加拉瓜实际上已经默认该条约的效力达 10 年或 12 年的时间。他指出："但尼加拉瓜政府在它应当发声的时候却保持了沉默，并因此放弃了于当前再提出反对的权利。不待圣萨尔瓦多批准而直接交换批准书的做法是适当的……现在，任何一方均不得再以在条约完成时存在或知晓的任何事实为理由主张废除该条约。"

这种禁止反言可以在特定情况下以默许为起点，并因此可以

① 关于该问题，可参见包韦特具有启发性的论文。包韦特，载《英国国际法年刊》，第 33 期（1957）。

② 柏威夏寺案，《国际法院报告》，1962 年，第 62 页。

③ 包韦特援引了该案。亦可参见摩尔（Moore），《摩尔论国际仲裁》（*Moore's International Arbitrations*），第 2 卷，1945 年。

对依据边界条约[①]或割让条约的解释或依据任何类型的时效取得提出的领土权源产生影响。就承认而言，这主要取决于所主张权
46 利的性质。在涉及两国的边界争端中，两国均为争端当事方的禁止反言可以发挥决定性的作用；而另一方面，如挪威渔业案，如果主张主权的对象是可作为公有物的领土，针对某一国的禁止反言并不具有终局性，因为这种情况需要的是各国普遍的默许。基于以上原因，我们应当区分禁止反言、默许、时效取得等概念。对于默许和禁止反言的区别，德里克·包韦特博士曾指出："混淆两个概念将只会起到降低时效取得权源的证明责任的效果，因为诚信原则并不要求出现这种结果，所以，在应当依据时效主张主权的情况下，国际法似乎不允许适用禁止反言原则。"[②]

这是一种完美主义的建议，而且我们可以质疑它在实践中可以在多大程度上得以实现，因为这并非裁判者需要对特定案件做出判决时所采取的工作方式。实际上，历史权源巩固这个一般性的概念——虽然很模糊——在禁止反言构成该过程重要组成部分的情况下，对法院而言可能变得比所谓的时效取得更有吸引力。

① 例如，可参见柏威夏寺案。

② 可参见斯宾德爵士(Sir Percy Spender)在柏威夏寺案判决中发表的反对意见。他认为："时效、承认、默认和不予反对之间存在紧密的联系。然而，在我看来，阻止原则与承认(或默认)是非常不同的，虽然后者如任何行为一样可以构成时效或阻止。虽然学界有不同的观点，在我看来，将承认一国的任何事实或情况视为形成阻止的法律后果，并不构成《国际法院规约》第38条所指的国际法原则，而且，这可能导致依据承认某事实或情况来判案，但我们很难区分这些考虑因素与公允原则的考虑因素。承认和默认是国际法上的重要因素。即便强行让它们超越自身适当的内涵，它们也不太可能提高自身的作用。在本案中，我认为，暹罗对附件I或其所示边界线的承认或默认只具有证明价值。"柏威夏寺案，《国际法院报告》，1962年，第131页。

保罗·罗伊特在柏威夏寺案的答辩中曾有一段暗示性的论述：“……我们坚信，总体而言，国际判例法尚不认为有必要规定正式的程序，以确认时间流逝对权源的巩固效果。当然，裁判者不愿意 47
在国际法中适用任何关于时效取得的理论，这就引出了一个问题，例如，禁止反言理论在特定的情形下能否提供可在领土诉讼中使用的某些因素。劳特派特爵士在《私法渊源与国际法上的类比》一书中指出了这一点。他阐释了禁止反言在1903年的阿拉斯加边界争端案（*Alaska Boundary Dispute*）中（该书第235页）如何成为时效取得的替代选择或替代品。上述观点在一定程度上也适用于白令海仲裁案（*Behring Sea Arbitration*）（该书第224页）。我们不难证明，也无需花费过多的精力便可证明，国际判例法一向给予可证明有效行使主权的事实重要的分量，但它并不乐意使用时效取得这一术语。”[1]*

四、柏威夏寺案

最后，在我们结束关于禁止反言的讨论之前，我们需要仔细考察国际法院对柏威夏寺案的判决：在判决领土权源问题上，禁止反言、默许和承认都发挥了重要的作用。该案的争端当事方为柬埔寨和泰国，双方均对位于柏威夏寺所处的边界地区的一小块领土

① 柏威夏寺案，《国际法院庭审记录》，第2卷，1962年，第207—208页（* 原书的注释97为“Distr. 62/50, p. 73.”，译者在翻译时未能查证到作者所注释的文件出处，为方便读者阅读理解，后根据《国际法院庭审记录》作了新的出处标注。——译者）。

主张主权。该寺为古代圣所和圣地的遗址，坐落在柬埔寨平原上的一个悬崖陡壁之上。根据暹罗（今天的泰国）与法国（柬埔寨当时属于法属印度支那）在 1904 年达成的条约，双方成立了一个边界委员会来划定该地区的边界。委员会似乎调查并确定了一条边界，但相关的证据无法确定柏威夏寺地区的边界。然而，柬埔寨依据某地图最终胜诉，该地图是由法国当局应暹罗要求在 1907 年绘制的，它清楚地将柏威夏寺地区划归法属印度支那，即今天的柬埔寨。泰国努力并令人信服地主张地图在该段边界的标绘上存在错误，因为据泰国称，它与 1904 年条约为边界委员会规定的划界方法不符。然而，法院却认为，不论该地图是否存在错误，泰国政府已经接受了它，而且未对其提出反对，甚至未做出任何评论。事实上，暹罗的丹龙亲王不仅感谢法国绘制了该地图，还要求再提供 15 套地图。

48 泰国辩称本国无须就地图存在的错误提出抗议，而且泰国未提出反对并不能影响主权的变更。但对于这一点，法院认为："有关情况清楚地表明，如果暹罗当局意在不认可该地图或者对其有任何重大的疑问，它需要在合理的期限内做出某种回应。他们在当时或在很多年后都没有这么做，所以，必须认定他们已经默许了该地图。如果应该而且能够讲话，保持沉默应被视为同意（*Qui tacet consentire videtur si loqui debuisset ac potuisset*）。"[1]

此外，法院还给予了另外一系列事件某种分量，其中最重要的是丹龙亲王在 1930 年对柏威夏寺进行的国事访问，柬埔寨附近省

① 柏威夏寺案，《国际法院报告》，1962 年，第 23 页。

的法国驻扎官以官方形式接待了亲王一行，而且当时该寺悬挂的是法国国旗。

“[法院认为]亲王不可能未能理解这种性质的接待的效果。很难想象还有比这更清楚地确认法属印度支那权利的方式。泰国什么也没有做。此外，丹龙亲王返回曼谷后给法国驻扎官邮寄了一些当时的照片，他在信中使用的语言似乎承认法国通过其驻扎官以东道国的方式行事……从整体上看，这一事件似乎构成了暹罗对柬埔寨（法国的保护国）拥有柏威夏寺主权的默示承认，因为在当时的情形下，面对一个明显的对抗性主张，暹罗需要做出回应，以确认或维护自己的权利，但暹罗并未以任何方式做出回应。”①

该案的案情极其复杂，还存在很多其他事实。但法院主要在考虑我们刚刚讨论的事实基础上做出了判决。该判决以阻止或禁止反言和承认为基础。所以，法院在判决中指出：“法院现在将基于以上列明的事实做出结论。即便暹罗是否在 1908 年接受了该地图及其所示的边界仍存在不确定性，法院基于后续的事件认为，泰国由于其自身的行为现在不得再主张并未接受该地图。在过去 50 年间，泰国一直享受着 1904 年条约带来的利益，即便该利益只是一条稳定的边界。法国及后来的柬埔寨均信赖泰国已经接受了地图。既然任何一方均不能以错误作为抗辩理由，该信赖是否基于确信地图是正确的便不再重要了。现在，泰国不能一方面继续 49
主张和享受解决边界问题所带来的利益，另一方面却否认自己从

① 柏威夏寺案，《国际法院报告》，1962 年，第 30—31 页。

来都没同意这种解决方法。法院认为泰国在1908—1909年确实接受了附件I的地图，认为它反映了划界工作的成果，并承认地图所示的线为两国边界线，其结果是柏威夏寺位于柬埔寨领土之内。”①

然而，这还没完。法院还发现了另外一个清楚且极为明显的禁止反言的例子。泰国的一个抗辩理由是，自地图于1908年发布以来，直到本国在1934—1935年自行开展调查，它一直相信地图所示的边界线与1904年条约规定的分水岭线是一致的。因此，即使它接受了地图标绘的边界线，它这么做也只是因为本国错误地认为该线正是分水岭线。但是，泰国还以本国在该地区行使了主权为由主张柏威夏寺地区属于泰国领土。这两个论据之间显然是前后矛盾的。如果它真的相信地图标注的是分水岭线，它肯定已经相信该地区为柬埔寨领土，在这种情况下，它的行为只能被视为试图侵犯柬埔寨的主权。法院指出，“泰国不能主张它出于任何理解错误而接受了附件I地图所标绘的边界线，因为这与它给出的关于本国在该地区的行为的理由完全相悖，即它相信自己拥有该地区的主权”。②这是一个当事方不得在同一个案件中出尔反尔的鲜活案例，泰国的行为构成禁止反言，阻止泰国进行否认，不论它是否反映了真实的情况。

法院显然给予了禁止反言或阻止原则很重的分量。该判决没有指明禁止反言是否被视为一种自足性的判决理由；或者它只是

① 柏威夏寺案，《国际法院报告》，1962年，第32页。

② 柏威夏寺案，《国际法院报告》，1962年，第33页。

时效取得程序中的一个助手(对于泰国未对地图标绘的边界线提出反对的时限长度,法院明显给予了一定的考虑);或者它只是有助于条约解释的一种手段。[①] 实际上,意识到本案属于多数票判 50
决,人们很难不将所有的情形归结为一个综合性的概念,即“以时间流失为基础的权源巩固”。[②]最令人感到震惊的是,法院在该案中仅从双方的实际行动上获得了很少的帮助——这些活动自身只表明有关情况是非常模糊不清的。

此外,柏威夏寺案还在一定程度上阐明了禁止反言所涉的另一个问题。禁止反言规则属于程序规则,只是证据,还是实体规则?提出该问题的原因是,如果禁止反言是一项程序规则,只与证明问题相关,它只能影响一个有管辖权的法庭受理的某特定案件所涉的权利问题;但如果它是一项实体规则,它将对权利产生绝对性的影响,而不论相关的争议是否被提交至法庭解决。这显然是一个至关重要的基本问题,但人们对该问题存在不同的看法。[③]对此我们无法从国际法院在柏威夏寺案的判决中得到什么帮助;但

---

① 例如,后者主要是指,“虽然使用了一般性的用语,1904 年条约第Ⅰ条规定的分水岭线自身只是客观描述边界线的一种明显和便捷的方式。然而,相较于双方出于终局性利益的考虑将地图线视为最终的边界线这一最重要的情况,没有任何理由认为当事方给予了分水岭线任何特别的重要性。所以,作为一个条约解释问题,法院不得不裁定支持地图所标示的争议地区的边界线”。

② 上述用语源自罗伊特先生的答辩陈词,虽然他将其作为禁止反言和时效的替代制度:“除了禁止反言和时效取得,我们还可以站在另一个角度看,即由时间带来的权利巩固,因此这涉及成为习惯法的机制了。”柏威夏寺案,《国际法院报告》,1962 年,第73 页。

③ 参见包韦特,载《英国国际法年刊》,第 33 期(1957),第 176 页注 1 和注 2。

是，有法官在单独意见中认为它明显属于实体法规则。[①]如果这一观点是正确的，很显然，禁止反言，不论在何种情况下适用，均能发挥改变权利归属的作用。珀西·斯宾德爵士在该案发表的反对意
51 见中对这种可能性提出了一定的批评，他总结道："虽然对法庭抱有高度的尊重，我必须指出，在我看来，由于错误适用了这些概念及对它们进行无法让人接受的扩展，根据条约或依据条约成立的边界机构所做出的决定，争议领土的主权均应属于泰国，而现在法院却把它判归了柬埔寨。"[②]

将禁止反言作为确定权利的一种工具很容易带来危险，实际上，这段话已经提出了令人印象深刻的警告。但是，公平地说，在刚才所引用的段落中，斯宾德爵士假定自己关于事实和文件的解释是正确的，而在该解释上，他与其他法官存在不同意见，这些法官因此对判决投了不同的票。如果争议领土清楚地位于边界线的泰国一侧，而且其主权能够依据禁止反言发生转移，这无疑是一个全新的和令人意外的做法。然而，如法院所认可的事实和文件一样——精读诉讼材料可以支持他们的观点——有关情况存在很大的不确定性，即 1904 年条约与边界委员会的记录并未对该段边界

① 副院长阿尔法罗(Vice-President Alfaro)指出，"我认为该原则具有实体特征。它构成一个法律推定，根据该推定，如果一国拥有某权利，它已经放弃了该权利，或者它从不认为自己拥有明确的法律权源，并据此反对另一国提出的主张。简言之，该原则的法律效果是如此的重要，它自身便足以裁定争议的事项，不得将违反该原则的行为视为诉讼程序中单纯的事件。该原则的根基是在国际关系中具有优先地位的诚信原则……"阿尔法罗法官的意见可见判决书第 41 页。亦可参见菲兹莫里斯法官和斯宾塞爵士的意见。菲兹莫里斯法官和斯宾塞爵士的意见分别可见判决书第 62 页和第 143 页。

② 柏威夏寺案，《国际法院报告》，1962 年，第 146 页。

的精确走向提供确定的答案。禁止反言正是在这种事实不明确的情形下才能发挥作用。所以，在我看来，虽然该案件表明禁止反言可以协助解释与权源创设相关的事实、文件和认可，甚至可能具有决定性的作用，但它自身仍然并不构成权利的一种来源。

52

第四章　权源与非法使用武力

我们已经注意到领土主权的传统取得方式居然包括征服，这是很不正常的；之所以不正常，这是因为国际法在这一点上竟然有些荒诞地偏离了自身原本所依赖的与私法类比的模式；这种偏离必然使人对将整个模式作为规制权源取得的真正法律产生疑问；[①]我们必须谨记，这种疑问最终不仅与领土取得的国际法相关，而且也与整个传统国际法体系相关，因为如果战争在某国际法体系中并非不合法的，这必然导致允许战胜者变更权利的结果。现在，我们必须回答的问题是，这种立场在当代国际法上到底已经在多大程度上发生了改变？但是，在讨论该问题之前，让我们先简要回顾“征服”在传统国际法上的内涵。

即便在传统国际法上，征服（“subjugation”“conquest”“completed conquest”等英语单词往往交替使用）也不是只要求利用武装力量使用武力夺取领土。第一，这也是最重要的一点——军事占领者在整个战争期间不能取得领土主权，这是一项历史悠久的、明确的国际法规则。第二，与其他领土取得方式一样，对征服而言，也须要存在占据行为和意愿；换言之，一国不仅必须实际

① 施瓦曾伯格，《国际法》，第三版，1957年，第302页。

占据领土，而且要具有吞并该领土的意图。例如，在“二战”结束德国无条件投降后，盟国在占领德国时发布了特别声明，它们虽然在德国领土上享有“最高政府权力”，但并无吞并其领土的意图。因此，虽然暂时由占领国管理，德国作为一个国家仍然继续存在。[①]

在一国已经以租赁或授予政府权力的其他方式实际管理另一国的领土时，占领者声称要“吞并”该领土显然不应被视为创设一种权源。[②] 另一方面，即便不存在严格意义上的战争或敌对状态， 53
在他国通过武力夺取领土的情况下，如德国军队在 1938 年入侵奥地利，有关国家仍可能通过征服取得领土主权。[③]

那么，关于征服的这种法律在今天有什么地位呢？首先需要指出的一点是，除非彻底放弃时际法规则——但并无任何依据或理由要求这么做——原来通过征服取得的权源将仍然有效。在特定的情形下，不一定存在政治理由要求在当今改变以征服方式创设的权源，但这是一个不同的问题，我们将在后面讨论；此刻我们考虑的并非做出这种改变的法律或准法律程序，而只是权源问题。如果要对旧的权利来源刨根究底，并根据当前的法律而非时际法进行考察，可能很少有权源会不存在任何问题。

但是，还有一个问题：征服在当今是否仍然能够创设权源呢？

---

① 参见 1945 年的《柏林宣言》(*Berlin Declaration* of 1945)。劳特派特，《奥本海国际法》，第八版，第一卷，1955 年，第 568 页。

② 例如，英国和土耳其战争爆发后，英国“兼并”了塞浦路斯。自 1878 年以来，根据土耳其的授权，英国一直统治该岛。然而，根据 1923 年的《洛桑条约》第 20 条，土耳其承认了该兼并。劳特派特，《奥本海国际法》，第八版，第一卷，1955 年，第 567 页注 3。

③ 卢梭，《海牙国际法演讲集》，第 93 卷，1958—I，第 422 页。关于英国法上的租赁权转让可参见如下案例(L. R. [1888] 21 Q. B. D. 384，394.)。

在过去半个世纪，关于在国际关系中使用武力的国际法发生了翻天覆地的变化。禁止使用武力原则发轫于1907年的《波特条约》，该条约禁止使用武力追讨合同债务；随着《国联盟约》和1928年的《非战公约》的有关规定获得发展，该新法最终被明确纳入《联合国宪章》第2条第4款，该条款禁止针对任何国家的领土完整和政治独立使用武力或以武力相威胁。此外，这并非只是一个条约法问题，因为习惯国际法在相当长的时期内并非一成不变的，也并非未
54 受各国对使用武力的新态度的影响。[①] 那么，根据上述发展情况，我们是否依然能够主张国家可通过军事征服来取得领土及相关的法律权利呢？

这曾是一个有争议的问题，但相关理由仅指向一个答案。如果国际法一方面禁止使用武力侵犯一国的“领土完整”，另一方面却同时承认通过非法使用武力侵占他国领土可创设合法的领土主权权源，这必然会损害国际法的效力。这不只是在未同时证明其非法性的情况下是否允许主张权源的问题。它也不只是非法行为不产生权利原则（*ex injuria jus non oritur*）的限度问题。问题的核心在于国家可否依据最高级别的国际犯罪来主张权利，而且这只是因为该犯罪已经成功地完成了。换言之，它并非是否允许盗贼获得法律认可的某种占有，这在英国法上至少是被允许的；问题

① 布朗利（Brownlie），载《英国国际法年刊》，第37卷（1961），第183页及以下诸页。见《劳特派特关于条约法的报告》（*Lauterpacht's Report on the Law of Treaties*），载《国际法委员会年报》（*Yearbook of the International Law Commission*），第2卷，1953年，第150页，第10部分。劳特派特解释了他将宪章的这些原则视为“一般国际法原则”的原因。他认为，“如果以其他一般性的国家之间的组织代替联合国，必须将禁止使用武力或以武力相威胁视为永久性的，它构成该组织宪章的一部分”。

在于是否允许国家主张暴力掠夺的事实本身构成某对世权利的一种权源。非法行为经常导致权利发生变更,但它们自身却难以构成一种权源。

我们已经假定征服所依赖的使用武力属于非法使用武力,然而,并非所有的使用武力均是非法的。如果我们在此试图确定《联合国宪章》第 2 条第 4 款所规定的禁止使用武力的准确界限,我们就偏离主题了;但是,《联合国宪章》第 51 条规定的"固有自卫权"对其适用构成明显的限制。所以,有人认为,在使用武力并不是非法的情况下,征服在当今甚至仍是一种有效的权源。《奥本海国际法》中就有如下论述:"另一方面,在征服国并不受《联合国宪章》或《非战公约》约束的情况下,或虽然受其约束,但诉诸武力自身在特定情形下并不是非法的,国家仍可以通过征服创设有效的权源。"①

我对上述观点满怀尊重,但不得不指出它存在的错误。首先让我们来讨论这样一种观点,即如果一国并非《联合国宪章》或《非战公约》的缔约方,它仍可以通过征服取得领土。这种观点实际上 55
假定关于在国际关系中使用武力的习惯国际法在过去 50 年间保持不变。它并未考虑到《联合国宪章》第 2 条第 6 款的规定:"本组织在维持国际和平及安全之必要范围内,应保证非联合国会员国遵行上述原则。"

此外,它也未考虑到现实情况,因为联合国大家庭中的 104 个会员国已经根据《联合国宪章》第 2 条第 4 款的规定接受放弃武

① 劳特派特,《奥本海国际法》,第八版,第一卷,1955 年,第 574—575 页。

力，却承认少数不受其约束的国家通过使用武力取得领土主权的权源，这种结果绝对是不可思议的。

可能更难以回答的问题是这种观点，即一国并未非法诉诸武力，如在战争中进行自卫，仍可通过征服取得权源。我们虽然会不时听到这种观点，但应对其持谨慎态度。该观点似乎建立在一个奇怪的假设之上，即，既然战争最初是合法的，在随后可以诉诸武力期间，它应当继续保持合法性。[①]任何此类观点所可能导致的巨大危险都是显而易见的。此外，这种观点建立在对自卫的限制错误的认识基础之上。在自卫过程中使用武力——不论它的内涵是什么——无疑是合法的。但它必须与迫近的威胁相称，在可以避免威胁的情况下，国家便不得再主张自卫。[②]当然，判定上述情况并非易事，而且，至少在某种程度上，它属于行为者自行判断的事项。但是，即便允许对国际法的要求做出所有的例外，仍然必须指出的是，如果自卫法允许防卫者在自我防卫过程中夺取和控制入侵者的资源和领土，该法将是非常奇怪的。无论如何，我们认为，由于当今世界不存在具有强制管辖权的法院来合理裁定该问题，试图在征服能够在当今创设权源的情形与不能创设权源的情形之
56 间划定一条清晰的法律界限，这既不现实，也不可行。人们在近期付出了大量的努力，试图在侵略的内涵上达成最低限度的共识，但

① 《国际法委员会年报》，第 2 卷，1953 年，第 150 页。劳特派特爵士讨论了与条约相关的使用武力问题。他认为，"除非依据法律的限制使用武力，甚至对侵略者使用武力，侵略的事实并不相关——但它与防止未来的侵略或公正地修复侵略造成的损害相关，并可构成条约的一项内容"。

② 布朗利，载《英国国际法年刊》，第 37 卷，1961 年，第 183 页及以下诸页。

均徒劳无果。如果想到这一点，我们便能理解试图保留特定类型的"征服"的合法性所存在的危险。使用武力的合法性可以取决于对联合国有关机构模糊不清的决议的解释。无论如何，自卫的限度和内涵均是极具争议的问题。与领土权源相关的问题不应以解决此类模糊不清的问题为前提，而且此类问题还具有很强的政治性。基于以上原因，我认为应当接受这样一种观点，征服作为领土主权的权源已经不再是国际法的一部分：当然，如之前提及的，根据时际法原则，这种变化对之前通过征服方式取得的权源并不具有溯及力。

在自卫引发的战争中，只击退直接的侵略威胁往往并不明智，甚至是不可能的；在相关的情形下，有可能只有以领土变动为基础才能圆满地解决问题。对于这种领土变动的法律依据，我认为不能再去找存在时代错误的传统的征服，而应当执行国际社会的意愿，即，国际社会应当行使立法或准立法权限，我们将在后面讨论该问题。①

但是，即便我们一致认为征服不再是领土主权的权源，我们也只处理了使用武力与领土主权权源之间关系问题的一部分，这部分可能不是最重要，而且肯定不是最难的一部分。我们尚未讨论另外一种情形，即战争结束后，战败国被迫接受割让条约。过去，割让条约往往是武力胁迫下的一种解决方法。它实质上是给征服穿上了和平取得方式的外衣。然而，这是一个比征服更棘手的问题，因为对此并不存在激进的解决方法：彻底废除割让方式的权源

① 见本书下文第60页。亦可见本书第61页注①。

转移并不存在问题，因为非法使用武力明显不会导致很多割让无效。然而，除非我们能够认定以非法使用武力强行订立的割让条约可因此归于无效，我们就必须重新审视我们关于征服的结论。否则，我们的观点便是荒谬的。在这种情况下，战胜国仅因为给战
57 败国强加了一个割让条约，而并非直接夺取领土，便可以保留法律权源。它还涉及其他难题。例如，如果某割让条约是通过非法使用武力缔结的，便因此使之无效或可以使之无效，那么，这意味着它自始无效还是只是可撤销的呢？条约中是否有任何部分是可分割的呢？如果领土主权已经发生实际转移，这是否会对其产生什么影响呢？所有这些问题都可能影响权源。但让我们先讨论一般原则的问题。

劳特派特爵士 1953 年向国际法委员会提交的关于条约法的报告中全面地分析了该问题，他当时担任国际法委员会关于该议题的特别报告人。①他首先回顾了使用武力的国际法所发生的变化，《非战公约》和《联合国宪章》等法律文件的影响，②并接着指出："3. 通过使用武力或以武力相威胁方式达成的条约或上述方式导致缔结的条约违反了这些基本法律文件中的原则，根据以下一般法律原则，即同意自由是以同意方式承担义务有效性的重要条件，该条约是无效的。过去致使该原则在国际范围内无法实施的原因如今已经不复存在。此外，既然战争或使用武力或以武力

① 联合国文件，第 A/CN · 4/63 号。可参见《国际法委员会年报》，1953 年，第 2 卷，第 90—166 页及第 147 页。

② 见本书上文第 55 页注①。

相威胁构成一种国际非法行为，该非法性的结果——即通过上述方式达成的条约——应适用这样一项基本法律原则，即非法行为不能为违法者创设对其有利的合法权利。该原则——非法行为不产生权利（*ex injuria jus non ioritur*）——为国际法及包括最高国际法法庭在内的国际法庭所公认，它自身构成一项一般法律原则。”①

劳特派特爵士然后通过援引众多国家政策声明和国家实践进一步强化了上述观点：著名的 1932 年的“史汀生不承认主义”（Stimson doctrine），即“对通过与 1928 年 8 月 27 日的《巴黎非战公约》规定的义务相悖的方式达成的任何情况、条约或协定”一概不予承认；国联大会 1932 年通过的决议将不承认主义认定为一项法律责任；1938 年的《利马宣言》要求不承认通过武力获取的领土，并将其作为“美洲公法的基本原则”；国际法委员会于 1949 年 58
起草的《国家权利和义务宣言草案》第 11 条规定，“每个国家均有义务不承认另一国因违反不将诉诸武力作为国家政策或不以使用武力相威胁义务而取得的任何领土”。因此，上述关于不承认条约效力的“实践”，特别是通过武力强行订立的领土割让条约，从法律原则的角度有力地强化了上述观点。②

---

①　《劳特派特关于条约法的报告》，载《国际法委员会年报》，第 2 卷，1953 年，第 148 页。

②　孔茨（Kunz），《美国国际法评论》，第 39 期（1945），第 185 页。他指出，“由于存在胁迫，法理和国家实践倾向于将战争期间的条约视为可撤销的”。他接着引用了 1921 年 3 月 16 日的《俄罗斯—土耳其条约》第Ⅰ条：“任何缔约一方均不承认通过使用武力强加给另一方的条约。”然而，他总结道：“根据实证国际法，通过武力施加的条约有效的原则是站得住脚的”。关于解决该问题的另一种方法，参见斯赛尔（Scelle），《海牙国际法演讲集》，第 4 卷，1933 年，第 675 页。

对于应将非法使用武力视为致使通过使用武力达成的条约无效的理由，劳特派特做了如下总结："(a)避免通过强迫达成合意交易的一般法律原则；(b)关于允许诉诸武力或以武力相威胁作为一种救济手段或改变国际法承认的权利的方式的国际法规则已经过时；(c)法律认定为非法的活动不得给违法者创设权利的一般法律原则；(d)不予承认的实践和原则。"

然而，劳特派特紧接着指出："如果在执行法律的过程中使用武力，武力便不再只具有威胁性质……由于这个原因，联合国在执法过程中给一个国家订立一项条约或施加其他义务并不致使该条约或义务无效。必须指出的是，联合国在集体安全行动中应根据有关原则使用武力。"他甚至还指出，"法律授权的性质有时可以归因于一个或多个国家为了维护和平或反对侵略之目的而采取的行动"。

让我们先假定上述观点是正确的，那么，支持通过非法使用武力缔结的条约可归于无效这一观点的理由是什么呢？这是一个模
59 糊的用语，并会引发另外一个重要问题，即该条约应被视为自始无效——彻底无效——还是可撤销的。在这一点上，劳特派特支持条约无效的推理是令人信服的。①可归于无效赋予了无过错的当事方选择接受或拒绝条约的权利。在无过错方的意愿被另一方通过使用更强的武力压制的情况下，这是一个非常滑稽和不适当的情况，而对此，我们似乎无需再做过多的解释。

---

① 《劳特派特关于条约法的报告》，载《国际法委员会年报》，第2卷，1953年，第151页。

必须强调的是，劳特派特提出的通过非法使用武力缔结的条约无效这一观点并非一个建议——应然的法律——而是对所谓的现存法律，即实在法的编纂。有哪些可反驳该观点的理由呢？

反对方的主要理由是，在当前的国际体系下执行该法律明显存在困难。所以，有人主张应首先注意对非法使用武力的制裁；如果阻止侵略的现实工具有限，而且一旦成功使用武力，几乎不存在可逆转其结果的任何方法，在这种情况下，即便否定侵略者的权源也不一定是明智的。菲兹莫里斯爵士在其向国际法委员会提交的报告中以最为令人信服的方式论证了上述观点，他接替劳特派特担任国际法委员会关于该议题的特别报告人。他指出："然而，如果该情形[通过使用武力或以武力相威胁缔结的条约无效]仅限于（似乎也明显必须限于）使用武装力量或以武力相威胁的情况，结果会如何呢？受到威胁的一方不一定同意缔结条约。如果它未同意，辩论结束。相反，如果它同意了，那么促成缔结条约的强迫或威胁也将保障该条约的执行；即使之后出现允许废止该条约的情形，但条约已经得以实施，而且除非通过进一步的暴力行动，否则根据条约采取的很多措施将是无法恢复原状的，甚至根本不可能得以恢复。正是基于这种考虑，而不是因为毫不关心该问题的道德方面，几乎所有的权威学者采取了这样一种观点，即，如果和平是最高的目标，从逻辑上讲，和平在特定情况下必须优先于抽象的正义——所以，规定这种类型的条约无效不具有可行性（*magna est iustitia et praevalebit but magna est pax*：*perstat si praestat*)。”[1]

60 这确实是一个必须妥善应对的难题。[2]我们可以做一个不完全恰当的类比：如果不将某物给予一个小偷几乎是不可能的，是否还有理由不赋予他权源呢？

然而，这种争辩主要是基于权宜之计的理由。这并非否定其说服力。但是，在试图确定法律是什么而并非法律应当是什么时，这恰恰否定了其相关性。不容否认，根据现行国际法，在国际关系中，某些使用武力或以武力相威胁是非法的。这是一个革命性的变化——也是国际法至今发生的最重要的变化。它并非学者或评

---

① 《关于条约法的第三份报告》(*Third Report on the Law of Treaties*)，联合国文件，第 A/CN·4/115 号，1958 年 3 月 18 日，第 62 段。

② 劳特派特爵士在他自己的报告中也预见到了这种观点，他认为：“6. 虽然明显有一定的说服力，但这种观点存在争辩的空间，即正式规定通过武力达成的条约无效并不具有很大的实际意义。例如，有人可能认为，如果在联合国组织下的国际社会无法避免非法诉诸武力，它便不得主张对取得胜利的侵略者适用以武力达成的条约无效的法律原则。此外，一旦实力状况发生的变化允许挑战通过武力缔结的条约的效力，该变化可通过得到世界公众意见支持的政治决定实现，而无须依赖法律原则。然而，上述主张及其他类似主张的说服力看似明显，但缺乏现实支撑。基于对一致性规则或其他原因的考虑，联合国之类的一般国际组织不会阻止侵略、侵略威胁或由此而达成的条约。然而，这些情形并不必然导致整个国际组织或法治坍塌。相反，一国通过强加的条约来获得利益可能存在不确定性，因为强加的解决结果可能无效——国际法庭、第三国甚至受害国在条件允许的情况下均可能正式确认其无效——它也因此可以对非法使用武力构成一定的限制。无论如何，在联合国的主持下编纂条约法应将下面一项明确的国际法规则提升为一项文明国家普遍认可的一般法律原则，即，表达同意的自由——除法律外不受任何限制——这种自由是条约有效的重要条件，因为条约可被视为一种契约协定。事实上，下面一种观点仍有讨论的空间，即，如果条约法的编纂只能实现正式宣布从国际法中剔除不将胁迫视为无效的传统国际法规则，该规则与普遍接受的法律理念和道德相悖，它因此将体现国际法的权威——为了制定某些此类法律条款，这种法律编纂便是令人满意的。与此同时，很重要的是，确保通过上述方式正式确立的国际法原则不被取消——以及以与条约权威和有效性不符的方式遭滥用。”

论者想象的纸面上的变化。如我们看到的，它以过去半个世纪的 61
国家实践为基础，被庄严地写入了《联合国宪章》，而且截至目前，它已经获得 104 个国家的认可，几乎代表了整个国际社会。根据有效性原则，不得再将禁止使用武力自身视为一种权源，或认为它取代了这样一项一般法律原则，即真实的同意是创设以协议为基础的义务的必要因素。如今，各国已经对国际法做出了令人满意的改变，我们可能不得再通过解释程序质疑该变化的功效，而且该解释不以法律条文为基础，而只是对法律在实践中得以执行持悲观的立场。国际法有时可能过于软弱而无法阻止非法使用武力，所以它必须找到一种方法使自身适应现实的结果，我们将在后面再讨论这种情况；但是，肯定存在无须承认使用武力可创设权源或致使条约无效而同时又能实现上述目的的方法。我们马上会想到各种形式的时效取得，作为一种传统的方式，所有的法律均可以使自身适应事实，而无须直接做出原则性的让步。

所以，我们可能没有更好的选择，而只能以这样一种假设为起点，即征服或以非法使用武力强加的割让均不能创设权源。①

① 显然，麦克奈尔勋爵也认为通过非法使用武力达成的条约是可撤销的。他在《条约法》一书中指出："……对于一方通过非法使用武力或以武力相威胁而迫使另一方达成的条约或国际协定，国际法庭必须认真考虑在哪些情形下不维持条约的效力。如果相关的条约是一个和平条约，法庭必须考察这样一个问题，即，在战争爆发上，主张和平条约的国家是否违背了《非战公约》或《联合国宪章》。然而，必须对此做两点限定：(a)以下两种条约是不同的，代表国际社会使用集体武力达成的条约与为了实现某些国内目标而迫使对方达成的条约，并需要对它们适用不同的原则；(b)上述态度变化绝不影响以下条约的效力，出于经济或财务需要且未使用武力或以武力相威胁达成的条约；几乎所有的条约均包含经过艰苦谈判而达成的条款，而且缔约一方不希望将其纳入条约之中。"麦克奈尔，《条约法》，1961 年，第 210 页。

但是，我们不能就此止步。我们还必须面对这样一个问题：如果征服者未通过征服取得权源，但他仍然全面控制领土权力而且明显不会被剥夺该权力，那么，在这种情况下，考虑到上述假设，应该持怎样的法律立场呢？如果，事实上，该立场不能逆转——不论是因为法律程序不够强大，或者在新的情况下这么做在政治上是不明智的或甚至是不可能的——实际占据领土者能否以某种方式
62 取得权源呢？承认程序是法律——该法律在必要情形下似乎涵盖了非法性——调整自身以适应事实的传统方式。在当前情况下，承认是一种恰当的方式，这不仅因为权源是与国家具有一般性关联的事项，而且关于使用武力的国际法变化使得使用武力自身不仅成为关涉相关国家的事项，而且成为一个关涉各国的一般性事项。这与之前关于使用武力的立场是截然相反的，所以，“征服国权源的有效性并不取决于他国的承认。第三国的反对在法律上也不具有任何作用”。①

此外，我们已经提及劳特派特爵士利用不承认通过武力取得权源的实践证据来论证这种权源在当代国际法上无效的观点。我们似乎可以合理地推导出这样一种观点，即，国际社会最终可能接

---

① 劳特派特，《奥本海国际法》，第一卷，第八版，1955 年，第 573 页。可参见查本蒂耶，《国际承认与国际法的沿革》，1956 年，第 70 页：“应首先注意领土割让的可抗辩性；但是目前对于这个评语我们就谈到这里。事实上，大部分的割让协定都是在武力或武力威胁的情况下签订的；但是，自第一次世界大战结束起，力求禁止诉诸武力的协议条款得到了发展，使得现在非法的大部分割让应该被视为不可抗辩的。在基本标准被推翻之后，原则因此被推翻。通过诉诸武力获得的管辖领土扩展的可抗辩性原则将在整体上对可抗辩性原则进行研究。但是，和平让与（交易、出售等）的可抗辩性原则依然还是有效的”。

受这种新的立场，并因此通过承认创设权源。这种可能性与武力自身不能创设权源的基本观点绝不冲突，因为国际社会从这个意义上讲是在行使准立法功能。①

那么，人们可以质疑，在发生这种情况时，实际的最终结果与 63
允许发动侵略的国家起初便通过使用武力立即取得权源并无二致；而且，无论如何，作为承认权源的一种程序与作为创设权源的准立法程序，承认存在明显的区别，而且可能在一定程度上取决于将承认视为建构性的或宣告性的。实际上，无论如何，这种区分均是存在争议的。实际情况也可能如此。然而，在我看来，以下二者之间存在实质和重要的差别，即，从法律上自动承认非法使用武力创设的权源与承认权源的程序，在后者所涉的情形下，权源实际上是由国际社会在个案中决定的。而且，几个不予承认的例子表明，予以承认的决定绝非自动做出的，而且它可能会遭到拒绝。②

---

① 劳特派特在《奥本海国际法》中提及了另外一个难题，即和平条约问题。它之所以难以回答是因为，如果战败国对通过武力缔结的条约无法表示有效的同意，那么，战争在法律层面将如何结束呢。劳特派特建议，"在这种情形下，似乎只有通过第三国的准立法活动明确承认条约创设的状态，才能解决该难题"。劳特派特，《奥本海国际法》，第八版，第一卷，1955 年，第 892 页注 2。

② 如果我们接受该观点，仍有另外一个相关的问题，即法律承认和事实承认的区别。在满洲里案（*Manchurian case*）中，有些国家认为事实承认与不予承认的义务并不冲突。然而，对于事实承认和法律承认之间的区别，一直存在多种不同的看法。但是，在两种情形下，实际的结果几乎是一样的。所以，在任何一种情形中，承认国的国内法院将假定被承认国的法律在有关领土内实施，该领土内的法令或立法必须被视为有效的，居民已经取得了被承认国的国籍，等等。这些不单纯是权源的象征；对被承认国而言，它们正是权源的实质；因为承认国已经占据了领土。总之，从承认国的角度而言，可以讨论的问题基本上是理论性的；在权源产生的法律效果已经得到承认的情况下，仍然拒绝承认权源的有效性便似乎没有什么道理了。

我们绝不能错误地认为不予承认自身可能成为一种有效的法律制裁。迄今为止的国家实践足以表明，不予承认自身只是一种态度，它通常只能在有限的时间内得以保持。显然，从长期来看，禁止使用武力的国际法的有效性将并不取决于否定侵略者的权源，而取决于在侵略取得果实之前便制止侵略的程序的有效性。无论如何，考察这种法律情形有一定的价值，它已经在理论上做出预先性让步，甚至现实情况尚未提出这种要求。当然，非常重要的一点是，法律不应试图过多地超越实践；但法律同样不应在实践之
64 后缓慢前行。所以，我们可以合理地认为，在该事项上，国际社会应当可以自由地利用传统、微妙、高度灵活的承认机制；法律发展进程上的下一站将是某种形式的、集体化的程序，这可能通过联合国来实施，而且联合国已经介入了非法诉诸武力事项的处理。

以上，我们只单纯从承认角度分析了该问题；但是，在此类情形中，对于正式承认领土的权源这种性质的事项，各国政府并不一定认为是适当的。[①]实际上，对可巩固权源的各种形式的认可和接受才是最相关的。在这种情形下，巩固是一个适当的概念，因为它所要求的不只是，甚至主要并不是，侵略受害国的默认[②]——因为默认很可能是使用武力导致的结果——第三国一般性的默认和认可才是最重要的。另一方面，如果各国通过不予承认的方式表明

① 当然，国家有时也会这么做。例如，根据加拿大和挪威1930年的换文，挪威承认英国对奥托斯维德鲁普岛(Otto Sverdrup Island)的主权(Cmd. 3875)。

② 很显然，在这些情形中，一般应避开禁止反言原则。未对违反国际法基本规范的行为提出抗议绝不能构成禁止反言；此外，部署武力自身也足以构成未提出反对的理由。

该立场是无法接受的，那么，它似乎也未满足一般的时效取得条件。

在我看来，将这种情形下的权源问题留给国际社会根据个案情况决定予以承认或不不予承认还有另外一个原因。必须谨记的是，在具体案件中，割让事实上是否为非法使用武力或以武力相威胁的结果，可能是非常模糊不清的。《联合国宪章》第 2 条第 4 款的准确限度也存在疑问。事实可能是模糊不清或难以确定的。政治主张也难以与纯粹的法律主张相互区分。此外，一国可能毫无根据地指责另一国非法使用武力，并将其作为一种政治博弈手段。通过法院解决这种问题将是最理想的一种方式，[①]但是我们设计的法律必须能够在缺乏强制管辖体系的社会中运作。固然，在当 65
事国准备将争端提交法庭的情况下，国际法庭拥有适当的管辖权；但是，准备非法使用武力的国家几乎不会主动将自己置于遭到国际法庭公开攻击的境地。在不存在司法裁判管辖权的情况下，国际社会别无选择，只能将该问题留给各国通过长期存在的、传统的承认程序进行抉择。

实际上，可能还有一个原因。在一个拥有良好秩序的社会，关于权源的争议必须由法院裁决，但是，必须谨记的是，在一个秩序良好的社会，由于相关的政治原因，立法也可以改变权源的归属。必须清楚地认识到，国际社会不仅缺少拥有强制管辖权的法院，而

---

① 劳特派特在向国际法委员会提交的报告中建议，从应然法的角度而言，经任何国家请求，国际法院应有权宣布以武力达成的条约无效。见劳特派特向国际法委员会提出的建议（Lauterpacht’s proposal to the I. L. C.）。

且不存在任何立法机构。但是,国际社会通过承认或不承认表达的普遍观点至少能够或多或少地同时考虑到政治和纯粹的法律问题。法院并非决定此类事项的最佳方式或机构。对于法律的进一步发展及对法律的遵守而言,这种情形可能是危险的,即,抽象的权源从收益的角度看几乎没有意义,而且法律轻易地便屈服于现实;所以,将来可能实现如下令人向往的目标,某国际法庭享有一般性的强制管辖权,法庭通过做出可执行的归还命令为遭到非法夺取的领土提供救济,但在当前,侵略者可能自信地等待法律进行自我调整以认可本国的非法行为。同时,私法类比在这种情况下也可能将我们引入歧途。所涉的问题并不只是占据领土的某一区域,而是对领土上的人民行使政府权力;它事关是否以一种法律秩序取代另一种法律秩序,以及人民的整个生活方式是否发生改变。所以,从这个意义上说,对于收回不动产诉讼之类的任何情形,不论权源多么完善,均需要极其谨慎地对待。不难想象会出现这种情形,某国际法庭需要在一年或更长的时间内,依据法律渊源裁判领土上充满活力的人民的命运,然而,他们却拥有自己的意愿,所以,这种做法可能是根本站不住脚的。

66 一、以武力进行自救

必须谨记的是,虽然非法使用武力与权源问题关系密切,它们仍然属于不同的问题。关于非法使用武力对权源影响的多数讨论均建立在一个假设之上,即,侵略者使用武力夺取的是它之前不享有权源的领土。但还存在一种情形,即,使用武力者只是试图收复它认为自己原本便拥有权源的领土。另外,必须注意的是,对于是否真正享有权源,多数侵略者要么相信自己或声称自己对它们试图通过武力占据的领土在某种意义上拥有主权。

国际社会缺乏强制管辖会产生两个方面的影响。一方面,侵略者可能无法律义务出庭应对受害者的指控;另一方面,在另一国拒绝赔偿或进行司法解决的情况下,一国即便拥有基础完备的法律主张,也可能无法获得救济。在这种情况下,总会存在这种危险,即如果一国认为自己的主张合法,它在本国具有足够实力的情况下,可能会选择进行自救。所以,有可能出现这样的情况——虽然由于权源和巩固占据之间存在密切关联,这种情况不太可能出现——一国通过明显的非法使用武力从另一国夺取领土,且该国对该领土拥有更好的权源。那么,对于这种情况,国际法应持什么立场呢?

在这种情况下,假设法庭具有管辖权,它在面对关于权源问题的诉讼中显然没有其他的选择,而只能确认侵略者的权源。如果国际法已经确立了此类占有性的救济,原告可以成功地请求收复本国刚被剥夺的占有,在这种情况下,侵略者应提起另一个诉讼来证明本国对争议领土拥有更好的主权权源。但这种情况仅需用来说明精心区分占据和权源,在国际体系中是多么的不妥。不能将人民作为中间过程的一部分移交给另一国。

法院在这种情形下可能需要认定武力占据者拥有权源,但它并非通过征服或强迫割让而来的权源。此外,出于同样的原因,使用武力可能被认定为正当的,因为国际法绝不禁止一国在本国领土内使用武力。所以,在这种情况下,使用武力者只是通过武力收 67

复属于自己的领土;然而,如果国际法院具有强制性的管辖权,这也是它通过法院所能够取得的结果。这显然是一个具有一定危险的情形,因为权源问题可能是模糊不清的,因此,一国可能通过精心粉饰本国的主张为使用武力制造借口。我们将在下一讲中更深入地讨论该问题。无论如何,国际社会不能一方面认定自救非法,另一方面却无法提供强制性的司法救济。

小　　结

对于领土主权法中这一极其困难且存在争议的方面,我们似乎可以做如下几点总结。

(a)禁止在国际关系中使用武力或以武力相威胁并非仅基于《联合国宪章》及其之前的法律文件,它可能已经成为一般习惯国际法的一部分。所以,通过征服等方式使用武力成功夺取他国的领土已经不再构成领土的合法权源。

(b)据此,通过非法使用武力达成的割让条约是无效的,否则征服通过改变转让主权的方式仍然能够逃脱法律的限制。根据在双方同意情况下创设的义务不能基于武力的一般法律原则,以及非法行为不产生义务的一般原则,我们也会得出同样的结论。

(c)然而,在禁止使用武力原则能够得到更有效的实施之前,在某种形式的强制性管辖出现之前,我们仍有必要考虑关于权源的这种法律立场,即一国通过非法使用武力成功夺取领土占据权似乎仍将继续存在。有人认为,在这种情况下,对现实情况的承认或其他形式的认可,代表了国际社会的意愿,可最终使其通过逐渐强化而产生权源。另一方面，第三国的一般反应可能是采取不予承认的态度；在这种情况下，任何形式的时效取得，甚至逆权侵占，均不太可能开始运作。 68

（d）必须谨记的是，权源与非法使用武力虽然具有多种形式的关联，二者仍是完全不同的问题：如果认识到"侵略者"可能实际上是权利的真正拥有者，上述情形便立刻变得非常明显了。

69

第五章　法律主张与政治主张

在本系列讲座之初，我们便注意到，领土主权取得的传统国际法规则似乎在领土的实际变动中仅发挥了相对较小的作用。相关的原因也很清楚。如其之前的法律一样，传统国际法是一套关于权利转移的法律。它几乎只关注领土主权从一国转移至另一国的“方式”。它与更为重要的政策问题只有很小的关联，甚至毫无关联，该政策主要关注到底是否应当转移领土以及应当把它转移给谁。相反，在利己主义的旧国际体系中，这些问题的答案往往取决于主权国家之间实力斗争的结果。历史上的领土分配大调整都是战后和平会议的结果，体现了战胜国的意志。仅通过割让或征服等法律手段来解读国际社会力量平衡变化过程中这些重大的领土变动是非常狭隘和片面的，有时甚至是毫不相关的；然而，这说明了国际法在这些重大历史变化进程中仅发挥了较小的作用，而领土主权的调整也只是该历史变化的集中体现之一。

我们必须在这种背景下看待国际法上一个极为重大的变化，即在国际关系中禁止使用武力或以武力相威胁。不论我们是否认为这一新的法律足以导致通过武力取得的权源实际归于无效，国际法的这一变化带来了一个不可回避的效果，即，这一传统的领土变动模式几乎被全面禁止。显然，下一个问题应当是，关于自救的传统国际法将发生什么实质的程序变化。我们已经注意到，国际法一方面禁止自救，同时却不能坚持通过法院判定和执行权利，这种法律体系是有缺陷的；同样，即便在短暂的期间内维持这样一个 70
法律体系也几乎是不可能的，即，一方面禁止自救，而另一方面却无法给权利归属变更提供令人满意的法律救济途径。虽然确定政策并非一个法律问题，确定政策的程序问题却显然是一个法律事项。如我们一会将要看到的，某些此类途径和工具正在形成之中，但我们应首先简要讨论领土主权的变更问题。

我想，我们已经发现现行国际法是倾向于维护稳定性的，即保持现状，维持当前的有效占据状态；国际法院采取的做法是别自找麻烦。领土边界的稳定始终是最高目标，从这个意义上说，上述做法是正确的。其他法律秩序需要能够不断变化以满足社会发展的新要求；但在一个拥有良好制度的社会中，领土边界将是最稳定的制度之一。多数地区已经实现了这一目标；像美国和加拿大之类的边界——稳定和秩序的象征——并不罕见。另一方面，世界版图仍在不断发生变化。目前，仍有为数不多但却更为重要和难以解决的争议边界——这些边界不仅是争议领土的边界，也是国家实力的边界——它们是世界政治局势紧张的焦点，也是国家之间未能建立良好秩序的一种症结所在。①国际法恰恰需要在这些方面拓展其影响力和主导作用，为此，它需要设计足够灵活的法律体系，以适应国际力量变化模式的调整，而这可能需要很长的时间才

① 福赛特(J. E. S. Fawcett)，《海牙国际法演讲集》，第103卷，1961—II，第348页。

能实现。在快速发展的国际社会中，如果不进行重大的调整，而是继续保持现状，国际法似乎将难以生存。国际社会应当有某种变化工具以更好地反映各国的普遍立场，传统的领土变动模式——由战胜国在战后通过和平会议创设，仅反映战胜国联盟一时的主导地位——必然导致稳定性处于摇摆不定的状态。

一旦我们开始从权利转移法之外的角度审视领土主权问题，我想，我们会发现两大主要的发展。为了论述的方便，我们需要对其加以区分。第一，领土主权变化的政治决策机制和程序仍存在
71 一定的问题，该问题似乎属于国际宪法的范畴。第二，目前仅存在一些非常原则性的惯例或规范，而并非法律原则，可为这些问题的决策提供指引，但它们仅适合考虑正义而非权源问题；这些惯例或规范可能是政治性的而非法律性的，然而，既然它们要么具有一种法律因素或至少看似披着法律原则的外衣，我们就需要对其做一定的讨论，并需要强调如下二者之间的区别，即，法律权源问题及与在国内法上被称为立法技术类似的问题。让我们先讨论后者吧。它是下面一个重要、困难且长期存在的问题的变体，即实然法和应然法的区别。

一、政治主张或法律权源？

在这一点上，很重要的一点是必须始终牢记如下两个问题之间的区别：权源在当前的归属；是否需要基于某种理由转移权源。

前者纯粹是一个法律问题，并需要一个法律答案；后者主要是一个政治问题——虽然它可能涉及相关的法律问题，如某些决定的程序和地位等。

让我们来看一个典型的例子，X 国对 Y 国正在实际行使领土主权的一块领土提出了主权要求。X 国可能会主张，根据相关法律，本国才有权对争议领土行使领土主权。这纯粹是一个法律问题。X 国也可能会提出另一种主张，虽然 Y 国现在拥有领土主权的合法权源，但仍存在合理的理由对现有的法律状态做出有利于 X 国的调整。这便是一个政治主张。此外，混合性的主张不对两种主张和依据进行严格区分，而且更为常见：声索国区分两种主张，往往对其不利，因为在争议最初阶段，它无须明确提出本国主张的依据，不论未来将对该依据进行司法裁判、立法决定或者以二者相结合的方式解决；法院不具有强制性的管辖权，立法功能要么仍不存在，要么尚处于萌芽状态，在这种法律秩序背景下，更可能出现上述情况。

如果我们再次考虑如下情形，即一国对另一国实际占据的领 72
土主张法律权源，并计划使用武力恢复本国对该领土的控制，区分两种主张就显得非常重要了。[①]如果一国的主张是合法的，换言之，它确实对争议领土享有合法权源，那么，它使用武力的情况似乎与《联合国宪章》第 2 条第 4 款并不相悖。实际上，该国只是使用武力占据属于本国的领土，而并不侵犯他国的领土完整或政治

---

① 见本书第四章第一节。

独立。这完全是该国的国内管辖事项。[①]

另一方面，只有在关于领土权源的主张确实具有充分依据的情况下，上述观点才是正确的。然而，如众多案例所表明的，证明一个有效的权源绝非易事，关于权源的某特定问题往往也并非十分清晰，所以，声索国可能会以自身主张的占优为由采取强制行动。然而，在现实情况下，实际占据领土的国家往往不同意将争议提交国际法院，由法院对权源问题做出适当的判定，那么，声索国还能怎么办呢？这种情况似乎属于这样一类案例，即，虽然表面证据表明法院并无管辖权，某国仍单方面将争端提交法院。对此，我们可以提出如下合理的建议：如果一国认为本国对他国目前实际占据的领土享有合法的权源，在本国决定有理由采取强制行动前，
73 应当首先向国际法院单方面提起针对另一国的诉讼；当然，在特定的情形下，该国采取强制行动可能属于国内行动，且不违背《联合国宪章》的规定。同样，如果该国已经通过武力再次占据了争议领土，在被剥夺领土控制的国家向法院提起诉讼时，它似乎愿意将权源问题提交法院解决；当然，严格而言，两国均无义务将争端提交

① 印度政府对果阿曾提出如下主张，“印度政府采取的行动并非针对另一个国家的领土扩张活动，因此不属于《联合国宪章》规制的范畴。它并不是对葡萄牙人民的侵略，因为果阿的土地和人民都绝不属于葡萄牙。印度的行动旨在解放印度的国家领土”。当然，必须指出的是，在该个案中，上述主张未能考虑到如下事实，即印度自身曾在1950年、1953年以及通行权案中承认葡萄牙对当地的权源。参见英国政府关于果阿问题的发言，联合国安理会会议记录（U・N・Doc・S/Pr・987），1961年12月18日，第83页。当然，我们也可以找到相反的主张。英国将本国于1955年在阿曼的行动视为国内事项，但它在很多领域被认定为对一个独立国家的侵略。1960年9月29日，阿拉伯十国请求将该问题纳入联合国大会第15届会议的议程（Doc. A/4521）。最终，该问题遭延期。1957年，该事项也曾被提交至安理会，但也无果而终。

法院解决。即便如此，如果一国以拥有合法的权源为由主张使用武力的合法性，而且仅能以此为据证明其合法性，若声索国不愿意将主张提交法院进行适当的裁判，其主张权源的合法性便会存在很大的疑问。对联合国的政治机构而言，在面临使用武力是否合法的问题时，只要一国不愿意将案件提交法院解决，便可推定它是不合法的。这种推定可以在某种程度上降低某种极其危险的情况出现的风险，即，国际法一方面允许主张收复领土的权利，另一方面却允许收复领土的一方拒绝由法院判定该权利是否存在。

在现实案件中，有关的问题往往更为复杂，因为它们并不严格基于对现有权源在法律上是否存在的法律抗辩。在多数情况下，有关主张是一个混合性的主张，既包括确定现有权源的法律主张，也包括政治主张，即便另一国现在拥有合法权源，也应当将其转移至声索国。现在，非常清楚的是，第二种理由自身，不论其多么的有力和有说服力，均不能成为使用武力重新占据领土的合法理由。另一方面，还必须承认现有的法律权源属于另一方；在这种情况下，法律应禁止使用武力进行自救。

所以，区分法律主张和政治主张的效果显然是至关重要的，但必须承认的是，二者在现实情况中是难以明确区分的。此外，历史权源的巩固这一概念虽然在很多方面具有重要价值，但它并不能简化该特定的问题，因为从本质上讲，它是把众多政治性的法律认可形式视为合法权源的建构因素。这样一种事实也未能简化问题，即，直到当前，国际法仍未对权源的转让与土地的占有做出实
质的区分。此外，值得注意的是，政治性的主张主要出现在联合国 74
安理会和大会等政治机构中，它们不会考虑甚至不会注意到区分

法律和政治主张的性质和相关性。

总之,领土权源问题的政治和法律方法紧密相关,以至于难以区分,我们有必要对政治主张做简要的分析。

二、地理因素

地理因素便是一个例子。众所周知,国家提出的领土主张经常借助地理依据,特别是非常出名的地理邻近或地理连续(contiguity or continuity)。讨论地理邻近一般会以帕尔马斯岛案中关于该问题的裁决为起点。对于地理邻近在国际法上的地位,汉弗莱・沃尔多克(Humphrey M. Waldock)对传统观点的要义进行了总结:“腹地原则、地理邻近原则以及其他地理原则在整个19世纪均是非常模糊不清的。各国主要依据它们划分将在未来实施先占的区域。但到19世纪末,国际法已经确定无疑地否定了地理原则可作为一种单独的领土合法权源,并把有效先占作为判定在新土地上创设权源的唯一标准。地理邻近以及其他地理因素当然有一定的相关性,但它们只是协助确定有效先占范围的因素,而并非领土主权的一种独立的来源。”①

从某种意义上说,地理邻近并非领土主权的一种独立的权源是不言自明的,因为它显然仅具有相关性,而且会马上引发一个问题,即与什么邻近?一个以地理邻近为基础提出的主张实际上只

① 关于该重要问题的讨论,可参见汉弗莱・沃尔多克,《英国国际法年刊》,第25期(1948),第342页及以下诸页。

是关于主权地理范围的主张,而主权则是预先假定已经存在的。地理邻近只是领土占据的一个方面。它不能成为独立于占据之外的领土主权的一种来源。

所以,假设某特定的领土从地理意义上而言与某特定的主权国家“邻近”,这绝不意味着该主权国家因此便直接拥有该领土的
主权权源。它不像领海那样构成领土不可分割的附属物,即从法 75
律上而言,除了拥有领土主权的国家之外,它不可能成为任何其他国家的领土;毕竟,国家实践上并无支持这种观点的任何证据。所以,地理邻近只是推定有效先占地理范围的一种证据;对抗性的声索者可以通过关于主权占据的更好的证据来反驳上述推定。如果不是这样的话,对于另一国享有主权且已经占据的领土,一国便能够以它与本国领土“邻近”为由而主张拥有合法权源。举个明显的例子,这可能意味着西班牙不仅可以对直布罗陀提出主张,而且可以主张目前存在的权源。另一国对所谓的“邻近”领土享有主权,而且实际占据该领土,这是在法律上无法出现上述可能性的原因。在帕尔马斯岛案中,若非争议岛屿实际上而非名义上处于对抗性主权国的占据之下,关于地理邻近的讨论可能具有决定性的作用。如常设国际法院在东格陵兰岛案中所指出的,在需要对对抗性的主张做出判定的情况下,占据问题是一个相对性的问题。[①]作为法律权源的一个方面,地理邻近只与推定现有先占地区的范围相关;它的重要性取决于对抗性的占据是否存在以及占据的相对重

① 东格陵兰岛案(丹麦诉挪威),《常设国际法院判决》,第 A/B 卷,第 53 号案,1933 年,第 6 页。

要性。

然而，如果我们继续追问，为什么地理邻近在这些限制条件下仍创设了一种推定，即，若某主权国家占据了某领土的一部分，它应当包括另一部分；该问题的答案只能是这样一个看似合理的原因，即，由于法律之外的其他原因，一个领土的不同部分应属于同一个主权者。然而，对于拥有合法权源的他国当前实际占据的领土，一国正是以这些因素为由提出了政治性的主张。所以，区分两种类型的主张可能是非常困难的；显然，提出政治主张的国家并不希望解决“主张”这一术语的模糊性问题，而是希望它越模糊越好。如果可将一个政治主张变得具有法律内涵，声索国可以给他人制造这样一种印象，可能更重要的是给自己制造这样一种印象，即他
76 在某种意义上拥有法律权源。但是，法律工作者必须清楚政治主张和法律主张之间的区别，因为如我们之前提及的，使用武力与权源之间存在重要的关系。

三、历史连续性

在此，我们可以简单提及不久前从地理邻近中剥离出去的一种理念，它有时也是主张权源变化的依据，我们可以将其称为历史连续性原则(principle of historical continuity)。我们在之前的讲座中已经提及一种习惯原则，即领土的边界——除了那些受世界关注的少数焦点地区——在领土主权发生变更的情况下仍得以继续存在。国家在过去的领土单位，甚至殖民者的领土管理单位，在新主权国家应得以继续维持，这种观点与民族自决原则直接相对。

所以，这种观点在某种意义上而言具有明显的后殖民主义时代的特征，与新独立国家在殖民时代的领土相关。印度尼西亚对新几内亚的领土主张主权便是一个例子。①当然，该主张建立在多种依据之上。从某种意义上说，它是一个条约解释问题。但该主张的一个方面，如印尼向联合国秘书长提交的《解释性说明》所指出的，②“新几内亚是而且一直是——从历史和法律角度而言——印尼领土不可分割的一部分；换言之，它也是之前的荷属东印度群岛的一部分”。③摩洛哥主张有权将新独立的毛里塔尼亚的领土并入本国，其依据也与印尼的上述依据类似；④类似的情况还包括伊拉 77
克对科威特领土的主张。⑤在联合国大会第一委员会关于新几内

① 有趣的是，1961 年 9 月 26 日，荷兰代表在联合国大会提出了举世瞩目的建议，将西新几内亚问题纳入联合国的管辖，征求当地人们的意见，举行公投，这一提议遭到了印度尼西亚的激烈反对；它在联合国大会也未获得明显的支持。然而，1962 年 8 月 15 日，双方签署协定，自 1962 年 10 月 1 日至 1963 年 5 月 1 日，由联合国管理该地区，期满将其移交印度尼西亚。1969 年，该地举行了全民公投。

② 1954 年 8 月 18 日(U・N・Doc・A/2694)。

③ 缅甸的巴林顿先生在联合国大会第一委员会第 9 届会议上指出：“在辩论中，有人主张从逻辑上看新几内亚并非印度尼西亚的一部分。这一迟来的发现根本经不起推敲，因为一个多世纪以来，荷兰一直将西伊里安视为印度尼西亚的一部分。”缅甸的巴林顿先生在联合国大会第一委员会的发言，第 9 届会议，1954 年(U・N・Doc・A/C・1/SR・725)。

④ 联合国大会第 A/4445/Add1 号文件(U・N・Doc・A/4445/Add1)，1960 年 9 月 14 日。“1. 如摩洛哥政府的立场一样，该争端主要是领土争端，换言之，毛里塔尼亚当前的边界源自法国，一直属于国家领土不可分割的一部分。”

⑤ 在 1961 年 7 月 2 日的会议上，科威特依据《联合国宪章》第 35 条(2)将伊拉克的活动提请安理会注意(Doc. S/PV. 957)。伊拉克拒绝承认科威特是一个国家，并因此主张科威特无权根据第 35 条(2)发表任何意见。科威特则指出本国是多个国际组织的会员国，伊拉克也承认了本国的地位。结果，除苏联之外，安理会的其他成员国均未质疑科威特独立的国家地位。

亚问题的辩论中，荷兰代表做出的答复明确指出了这种主张的局限性。[①]在描述了荷兰的影响力如何从爪哇岛拓展到苏门答腊岛后，该代表指出"[荷属东印度群岛]的人民并未组建一个新的国家，而是分别属于众多小王国的国民，而且各国之间一直处于战争状态"。他接着指出："其他发言人并未追溯如此久远的历史，但却简单地认为，既然荷兰新几内亚当时属于前荷属东印度群岛的一部分，那么，它今天在法律上仍应属于印度尼西亚的一部分。我怀疑他们是否注意到，例如，在1802年的《亚眠条约》(*Treaty of Amiens*)之前，锡兰也曾是荷属东印度群岛的一部分。那么，依照他们的逻辑，锡兰也应当被并入印度尼西亚。"

然而，我们并不旨在评估这些政治主张的优缺点，而是要认识到它们的政治性，并尽量将它们与涉及权源的法律主张严格区分
78 开来。[②] 但是，与法律主张不同，这种政治性的主张的一个判断标

---

① 联合国大会第一委员会(General Assembly's First Committee)第9届会议(9th Sess.)，1954年(Doc. A/C. L. /SR. 725，1954，Doc. A/C. L. /SR. 725.)，第249页。

② 在西新几内亚争端上，印度尼西亚政府实际上承认了该区别。1951年，荷兰建议将该问题提交国际法院，印度尼西亚拒绝接受这一提议，并认为该问题实质上是一个政治问题而不是一个法律问题。见印度尼西亚1954年8月18日提交的《解释性备忘录》第13段；联合国大会第一委员会第12届会议，1957年11月20—22日，第202页。哥伦比亚的罗恰(Rocha)先生在联合国大会第一委员会第12届会议上做了很有启发性的发言。他向荷兰和印度尼西亚的代表提出了一系列问题，并试图将法律问题从政治问题中区隔开来，因为该委员会主要是一个政治而不是法律机构。见哥伦比亚代表罗恰先生在联合国大会第一委员会第12届会议上所做的有启示意义的发言。联合国大会第一委员会第12届会议发言记录，1957年12月20—25日，第202页。我们还可以参见危地马拉对伯利兹(英属洪都拉斯)的主张，该国拒绝对英国就该争端接受国际法院的强制管辖作出回应。瓦戴尔(Waddell)，载《美国国际法评论》，第55期(1961)，第464页。

准是它并非是决定性的，即它在某些情形下可能是有用的，但在其他情形中则不然。它需要通过一个政治决定来确定是否在某情形中予以适用。

四、民族自决

在关涉领土命运的指导原则中，民族自决原则也许是获得最普遍认可的原则。它不仅具有悠久和令人尊重的传统，而且被明确写入《联合国宪章》第1条之中，该条规定联合国的目的之一在于“发展国际间以尊重人民平等权利及自决原则为根据之友好关系，并采取其他适当办法，以增强普遍和平”。[①]然而，必须强调的是，它虽然具有法律内涵，但却主要是一个政治原则，并可以为做出政治决定提供有用的指引。针对特定情形，无法对其进行足够明确的定义，它也不能成为一项法律原则；所以，如果所指的是一种法律权利的话，民族自决“权利”这种说法是不准确的。[②]我们在前面已经提及民族自决可能与地理和历史因素发挥相反的作用。

在实践中，民族自决往往需要采用全民公投的方式得以实现；它显然只是一个适合特定类型的情形的工具，但需要对其进行认真的国际控制，以防止权利滥用，而且它往往取决于相关当事方最

---

① 可参见第55条。

② 施瓦曾伯格，《国际法手册》，第四版，1960年，第67页：“民族自决原则是一个正在形成中的、具有巨大潜力的原则，但它不属于习惯国际法的一部分”。

初的协定。[①]在特定情形下，在解决特定类型的领土的适当命运的
79 问题上，全民公投仍很可能具有发挥作用的空间；实际上，联合国已经在几个必要情况下组织了全民公投。[②]

所以，对之前的论述做一个小结，我们发现了一组准法律性质的概念——当然还有其他概念，但我们已经无暇顾及——这些概念可能出现在不同的情境中：一国可以利用它们来支持关于目前被他国实际占据的领土的主张；它们可能只是一种辅助性的主张，而主要的主张是基于本国对领土的权源；它们可能出现在法庭的判决中，以强化依据更严格的法律推理作出的判决；它们可能适用于关涉特定领土命运的政治决定的实际决策过程中。最后面的一种考虑马上引发了另一个问题，是否存在做出这种政治决定的国际程序，即，不是根据国际法确定既有权源归属的司法程序，而是关涉权源变动的决策程序；或者，你可能更喜欢将其称为领土主权事项的准法律程序。我们接下来讨论这一问题。

---

① 关于如下观点的讨论，即，除非经公投批准，割让条约无效，可参见劳特派特，《奥本海国际法》，第八版，第一卷，1955 年，第 551 页。

② 英国管理下的多哥在 1959 年 11 月 7 日举行了公投；英属北喀麦隆在 1959 年 11 月 7 日举行了公投；英属喀麦隆的两个部分在 1961 年 2 月 11—12 日举行了公投；西萨摩亚在 1961 年 5 月 9 日举行了公投。关于联合国有关全民公投的实践，可参见梅尔勒(Marcel Merle)，载《法国国际法年刊》(*Annuaire Francais de Droit International*)，1961 年，第 425 页及以下诸页。在上面提及的举行了适当公投的四个例子之外，梅尔勒认为还包括如下例子：法属多哥在联合国的监督下于 1958 年 4 月举行立法选举，比利时统治的鲁安达—乌隆迪(Belgian Ruanda-Urundi)在 1961 年 9 月举行全民公投。参见 1962 年达成的关于西新圭亚那(West New Guinea)的协定。

五、关于领土的政治决策程序

显然，领土争端发生后，它可能以某种方式进入联合国的管辖范围，特别是根据《联合国宪章》第六章或第七章的规定；而且，安理会的决议或建议以及大会的建议，可能与争端解决相关。例如，联合国曾介入了如下涉及领土主权的政治和法律混合性的争端，克什米尔、以色列、印度尼西亚、西伊里安、科威特、刚果、西南非洲。如果要进一步分析这种一般性的管辖问题，我们需要对联合国的管辖权做整体性的调查；囿于时间和空间，我们甚至无法详细回顾上述领土争端的历史。我们只需认识到下面一点即可，联合 80
国的机构可能以某种方式介入涉及领土主权法律权源的争端及涉及领土主权变更政策决定的争端。但是，我们需要对联合国相关管辖权的某些方面做进一步的考察。

我们之前已经提及，新国家的形成，过去一直是而且在近年来也是领土变动中的一个重要因素，包括从殖民统治中独立出来或从原有国家的本土中演化而来，而并非调整原有国家之间的边界。起初，人们主要通过传统国际法的运作方式来审视这一过程，因为它属于国内管辖的范畴。即便在内战中曾使用过武力，这也纯粹属于一个国内问题。所以，在这种情况下，为了实现领土主权的变更，仍然可以使用武力，而并不违反国际法关于禁止使用武力的规定。根据传统的国际法，国际法仅对该过程存在一点影响，即第三国对新国家的承认，新国家经他国承认进入国际法社会，而且它的领土权源也被接受和承认为一个事实。

国联的委任统治制度与联合国的托管制度是国际法在这方面发生的重大变化，国际社会在较早的阶段便介入了殖民地演变成独立国家的过程。试图根据传统模式给委任统治的领土创设领土主权曾引发了奇怪和无明确答案的争论。麦克奈尔法官在西南非洲国际地位案中澄清了该问题的本质：[①]“对于主权，只需要几个字便足够了。委任统治制度（以及国际托管制度的‘相应的原则’）是一种全新的体制——领土与其居民之间的关系是全新的，在国际上代表他们的政府也是全新的——它是国际政府的一种形式，对旧的主权概念而言，它是全新的，不能将其并入主权概念之中。主权原则在该新制度中并无适用空间……”

81 《联合国宪章》中的条款并未对领土托管状态的终止规定明确的程序，虽然第 76 条表明，托管制度只是暂时性的，最终的目标是使托管领土获得独立。[②]但是根据第 85 条，托管制度的终止属于联合国大会管辖范围的事项。[③]

也许在某种意义上更重要的是，联合国根据《联合国宪章》第十一章赋予自身的管辖权，即所谓的“关于非自治领土之宣言”；它不仅适用于特别指定的领土，而且普遍适用于“其人民尚未臻自治之充分程度”的领土，所以它非常重要。由于政治和历史原因，我们无须再关注该制度，因为它仅适用于所谓的“殖民”领土。它并

① 西南非洲国际地位案，《国际法院报告》，1950 年，第 150 页。

② 见《联合国宪章》第 76 条(b)：“增进托管领土居民之政治、经济、社会及教育之进展；并以适合各领土及其人民之特殊情形及关系人民自由表示之愿望为原则，且按照各托管协定之条款，增进其趋向自治或独立之逐渐发展。”

③ 见梅尔勒，载《法国国际法年刊》，1961 年，第 427 页。

不适用于可能享有某种独立的道义权利的国家内部的组织，它们被武力吞并，如波罗的海国家或匈牙利。[①]

根据《联合国宪章》第 73 条(b)，管理国家的责任之一是“发展自治政府”。然而，这是一个谨慎制定的条款，它并未规定明确的义务，要求管理国家发展自治政府直至该领土独立。[②]在该“逐渐发展”过程中的特定时间所要达到的自治政府的程度因“各领土及其人民特殊之环境及其进化之阶段”而异。[③]

然而，在 1960 年 12 月 14 日作出的第 1514 号决议中，即《给 82

---

① 见罗斯(Ross)，《联合国的构成》(*Constitution of the United Nations*)，1950 年，第 180 页：“该条使用了‘尚未’一词(与后面[第 73 条]所使用的‘逐渐发展’和‘发展水平’相比较)……这意味着该条仅指殖民地的人民，他们不享有政治独立是因为在历史上他们的政治和文化发展水平较低，而不是因为民族问题以及对受母国作为本国一部分管理的领土主张自治。所以，第十一章不应适用于法罗群岛或波罗的海诸国之类的地区”。

② 在旧金山会议上曾有国家建议明确界定相关义务，该建议被驳回。见古德里奇(Goodrich)、哈姆伯罗(Hambro)，《联合国宪章》，第 2 版，1949 年，第 410 页。

③ 负管理责任之国家或联合国是否有权决定托管领土何时终止非自治领土状态，对此，学界有不同的观点。见图森特(Toussaint)，《联合国的托管制度》(*The Trusteeship System of the United Nations*)，1960 年，第 135 页。需要注意的是，《联合国宪章》第 73 条(e)所规定的向联合国秘书长报送情报的义务自始便被视为巩固对领土主权主张的象征：所以，阿根廷对英国提交的关于福克兰群岛的报告提出了抗议，危地马拉对英国关于英属洪都拉斯的报告提出抗议，印度尼西亚曾对荷兰关于荷属东印度的报告提出抗议。葡萄牙将本国负有管理责任的非自治“殖民领土”视为宗主领土的一部分，它因此不承担《联合国宪章》第十一章规定的任何责任。参见 1961 年 11 月 13 日通过的《托管委员会决议》(*Resolution of the Trusteeship Committee of November 13, 1961*)、1960 年 12 月 15 日通过的《联合国大会决议》(*Resolution of the General Assembly of December 15, 1960*)。当然，葡萄牙的上述主张立即引发了另一个问题，即《联合国宪章》第 2 条(7)的适用范围问题，该款禁止联合国介入主要属于国内管辖范围的事项。可参见联合国案例“1961 年举行的关于安哥拉地位的辩论”(Security Council, debate relative to the situation in Angola, 1961)。可参见 1961 年《法国国际法年刊》(第 338 页和 391 页)关于该问题所做的有用的梗概。

予殖民地国家和人民独立宣言》，联合国大会可能没有这么谨慎。宣言承认“一切附属国人民要求自由的殷切愿望和这些国家的人民在获得独立中所起的决定性作用”，考虑到“联合国在帮助托管地和非自治领地内的独立运动方面的重要作用”，“认识到世界人民迫切希望消灭一切形式殖民主义”；“相信所有国家的人民都有不可剥夺的权利来取得完全的自由、行使主权和保持国家领土完整”。《给予殖民地国家和人民独立宣言》接着宣布“使人民受外国的征服、统治和剥削的这一情况，否认了基本人权，违反了《联合国宪章》，并妨碍了增进世界的和平与合作”；《给予殖民地国家和人民独立宣言》还指出：“在托管领地和非自治领地以及还没有取得
83 独立的一切其他领地内立即采取步骤，依照这些领地的人民自由地表示的意思和愿望，不分种族、信仰或肤色，无条件地和无保留地将所有权力移交给他们，使他们能享受完全的独立和自由。”

因此，该决议确认了自决权是一种“基本的人权”；它将“人民”界定为有权追求建立独立国家的单位，并进一步指出此种“人民”享有“国家领土”“完整”的现实权利。

第 1514 号决议实质上是一个政治文件，具有其自身的政治智慧，当然，这与我们讨论的主题无关。此外，对于其在法律权利意义上所指的“权利”，也不能通过法院进行维护。然而，该决议呼吁管理国家采取实际行动；[①]虽然它的主张不仅具有政治性而且具

① 在下一届即第 16 届会议上，联合国大会指出，《给予殖民地国家和人民独立宣言》的大部分条款尚未得以实施。1961 年 11 月 27 日，联合国大会通过另一项决议，成立一个特别委员会监督 1514 号决议的实施，并呼吁有关国家“立即采取措施”来执行该决议。该决议以 97 票赞成、0 票反对、4 票弃权获得通过。然而，在确定实现这些目标的具体日期上，联合国大会较为谨慎，而且，苏联关于将 1962 年宣布为“消灭殖民主义之年”的提议也以失败告终。

有一般性，该问题表明此类决议可能变得与领土的法律权源问题真正相关；特别是在向某特定的当事方提出特定建议的情况下，更是如此。[①]

联合国大会向成员国提出的建议的法律效力是一个宏观和困难的问题，对此也有各种不同的观点，我们显然无法在此进行详细的探讨。[②]显然，联合国大会的建议仅构成建议，对成员国并不具有明确的法律拘束力，成员国无须赋予其完整的效力。然而，劳特派特法官在投票程序案（*Voting Procedure*）中谨慎地分析了该问题，[③]并指出联合国大会决议“并不具有法律或其他形式的效力”。84
他认为：“联合国大会做出的决议建议负管理责任的国家采取某特定的做法，这创设了某种法律义务，不论它是多么的初步、灵活且不完善，它仍然是一项法律义务，并构成一种监督措施。有关国家即便无义务接受该建议，它仍应以诚信方式给予其适当的考虑。若经过考虑自身良好管理领土的责任，它决定不尊重该建议，它必须解释做出这种决定的原因。与管理当局的最终裁决权相比，这些义务是无形的，而且几乎是名义性的，但它们仍然构成一种义务。”

他接着指出：“如果一个负有管理责任的国家一贯将自身置于该组织反复强调的建议之上，特别是那些几乎被全体一致通过的

① 当然，对于未签署托管协定的国家而言，联合国也会行使其职权，例如，1962年2月22日，联合国成立了一个委员会“来讨论南罗德西亚是否已经达到完全自治”。

② 见约翰逊教授的重要论文。在《英国国际法年刊》，第32期（1955—1956），第97页及以下诸页。亦可参见诺斯埃奇（F. S. Northedge），载《国际关系》（*International Relations*），第1期，第8卷，1957年10月。

③ 投票程序案，《国际法院报告》，1950年，第150页。

建议，它可能会跨越不当性与非法性、裁量权与独断性、行使忽视建议的法律权利与滥用该权利之间的几乎无法感知的界线，并导致自身将担负与法律制裁类似的后果。”

当然，目前将上述准则普遍适用于联合国大会决议是错误的。劳特派特法官主要针对的是托管领土的量化监督问题。此外，这也只是劳特派特爵士的个人观点，不能将其视为法院的意见。[①]然而，纵然考虑到所有的情况，关于联合国大会决议具有某种法律效力的观点仍具有重要的依据，即便该法律效力只是以诚信方式考虑联合国大会决议的义务。[②]

85 但是，我们必须聚焦的问题并非联合国大会做出的关涉领土的决议对其直接或间接针对的国家所创设的法律或准法律义务，而是它是否会对权源问题产生影响以及可能会产生什么影响。乍看起来，它们似乎并无任何影响，因为即便某决议可以给一成员国创设某种义务，即诚信地考虑在某特定的时间最终赋予某附属领土独立权，然而，这种义务，即便它是一种更完备的义务，其自身也根本无法影响主权的变更。[③]

---

① 关于学界对该问题的观点可参见约翰逊教授的论文。在《英国国际法年刊》，第 32 期(1955—1956)。

② 然而，请注意约翰逊教授指出的重要区别：“但是，我们区分如下情形，联合国大会建议的进程可能已经明显属于国际法上的强制义务。在这种情形下，严格而言，赋予联合国大会决议‘法律效力’并不准确，虽然有关成员国可能有法律义务遵守决议的条款。然而，如果联合国大会‘建议’的进程并不明显属于国际法上的强制义务，那么，联合国大会做出的决议或一系列决议是否具有法律效力便成为一个至关重要的问题。”在《英国国际法年刊》，第 32 期(1955—1956)，第 117 页。

③ 然而，已故的阿尔瓦雷兹法官(Judge Alvarez)认为，“联合国大会有望成为一个真正的立法机构”。《国际法院报告》，1951 年，第 52 页。

然而，不论该义务是多么的不完善，它仍有可能在两个方面与权源问题存在某种关联。第一，若一国使用武力或以武力相威胁以达到主权变更的目的，但该变更与联合国大会的决议要求相符，至少在这种情况下可以主张在分析使用武力是否具有使后续的权源主张归于无效的效力时，应考虑后一种因素。在实践中，这一点可能并不是非常重要，因为，如我们之前提及的，在国内层面使用武力，而且新的主权国家通常由此而来，并非必须受国际法禁止使用武力原则限制的事项，而且无论如何，新国家的出现将作为一个事实通过国家承认程序获得认可。但也可能出现联合国大会决议与权源相关的情况，例如，葡萄牙在印度的殖民地，领土变更的目的并非旨在使殖民地独立，而是将其从一个主权国家转移至另一个国家。[1]

第二，联合国大会通过的一系列决议，特别是在它们反映了国际社会中大多数国家意见的情况下，可能不可避免地与某些已经被占据的领土的权源问题相关，并至少可以构成权源巩固过程中的一种要素。如果承认或默许可以构成权利巩固的重要因素的话，那么，我们便很难否认第 1514 号之类的联合国大会决议的相关性，该决议以 89 票赞成、0 票反对、9 票弃权得以通过。[2] 因此， 86
通过法定程序表达的国际社会的普遍意见必然与评估主权变更的

① 果阿是一个典型的例子，在此用来说明我们讨论的具体问题。这并非意在对果阿问题的解决提出异议，当然，它涉及很多其他方面的问题，至少涉及这样一个事实，即，在占据果阿之前的几年中，印度曾多次明确承认葡萄牙的主权。

② 弃权的国家有澳大利亚、比利时、多米尼加、法国、葡萄牙、西班牙、英国和美国。43 个亚非国家是发起人。

政治主张的优势相关，[1]而且也与领土已经被占据时的权源相关。

在评估关于领土的政治主张时，不论是否应当给予此类普遍表达国家意见的以任何考量，实际占据仍然是创设法律权源的主要催化剂。实际占据具有决定性的作用，它首次使声索国可以利用不同的因素来协助证明通过逐渐强化而来的权源。实际控制是该过程所依赖的唯一的基础，离开它，其他均只是政治性的因素。离开实际占据的变更，根据现行国际法，这些因素对已有主权的权源并无任何法律影响，当然，他们可能会产生某些政治影响。所以，国际法在当前的发展仍须立足现实。虽然第 1514 号决议看似一个激进的步骤，它也很难构成所谓的“不可拒绝和抗拒”的发展趋势，因为这只是殖民强国在联合国做出考虑之前提起的一个动议罢了。所以，相关法律获得快速发展的希望并不在于确定启动新政策的新程序，而在于使相关的程序机制化，以适应我们已经拥有的制度。

所以，我认为我们只能得出这样的结论。在实际占据发生变化的情况下，不论我们在新权源的巩固上给予联合国机构做出的决定或建议什么分量，在实际权源问题上，相关的立法程序甚至准立法程序均尚未得以启动。我们也不能得出这样的结论，即，直到国际法达到某发展阶段前，上述立法程序均无法得以启动，该阶段是指通过法定程序表达国际社会的意愿不仅与以实际占据为基础

① 在这一点上，可比较已故的阿尔瓦雷兹法官发表的意见：“如果源自人民司法良知的法律原则想要具有任何价值的话，它们必须具有明确的展示方式，换言之，它们必须通过授权的机构表达出来。”《国际法院报告》，1951 年，第 148 页。

的新权源的创设有关，而且可以在适当情况下导致某种以占据为基础的旧权源逐渐消灭。本书关于领土主权权源的讨论总是以权 87
源的取得为中心。但是，一旦我们从立法的角度考虑问题，权源的丧失方式将变得同样重要：领土的丧失方式均取决于先前的主权者自愿性的割让或放弃，或强迫性的剥夺。只有当我们可以看到关于剥夺既有权源的法律工具开始发展的时候，我们才能开始从立法的角度考虑权源的问题。

总之，我仍须提出一点警告。旧的法律与新的国际社会的新政策和新发展之间的关系是极其复杂、困难和重要的问题。我希望你们明白，我们在本讲座有限的时间内仅选择了其中的一小部分问题进行了简要的讨论。很显然，我们需要调查、分析和评估大量的现有实践和其他资料；而且我相信这正是国际法学界亟需研究的一个极其重要的领域。我们必须结束本系列讲座了，正如在讲座开始时一样，我想再次强调，关于领土稳定与领土变更的法律秩序问题是国际社会法律秩序这一宏观问题的核心。

附　　录

常设仲裁法院

仲裁裁决

根据1925年1月23日缔结的《美国与荷兰关于帕尔马斯岛[*Island of*(Palmas)][或米昂格斯岛(Miangas)]主权争议的仲裁特别协定》作出

1928年4月4日

(程序部分略)

II

本争端的主题是帕尔马斯岛(米昂格斯岛)的主权归属。《仲裁协定》的序言准确界定了争议岛屿,明确了其经纬度。在双方达成《仲裁协定》之前的外交谈判涉及仲裁程序的有关文件中,美国将争议岛屿称作"帕尔马斯岛",荷兰将其称为"米昂格斯岛",这种称谓上的差异并不影响本案的争端对象。该称谓上的差异仅涉及一个问题,即,荷兰政府提出的某些主张是否真正与《仲裁协定》所指的岛屿相关,抑或与以米昂格斯或其他名称命令的另一个岛屿或岛群相关。

双方提交的证据表明帕尔马斯岛(米昂格斯岛)是一个单独的岛屿,并非一组岛屿中的一个岛屿。它大致位于圣奥古斯丁海角

（棉兰老岛、菲律宾群岛）和纳努萨（纳诺伊萨）群岛（荷属东印度群岛）最北端岛屿的中间。

*

本争端缘起于1906年1月21日，美国驻棉老省（Province of 89
Moro）总督莱昂纳德·伍德将军（Leonard Wood）于该日访问了帕尔马斯岛（米昂格斯岛）。事实上，根据美国提交的《答辩状》，伍德将军"大约在1903年"就曾访问过该岛，然而，之前的访问似乎并未产生任何后果，而且它是否真正发生也存有疑问，因此，我们将1906年1月21日视为美国当局与该岛首次发生接触的日期。根据伍德将军1906年1月26日向美国军事秘书处提交的报告，以及格顿·约翰斯顿中尉（Gordon Johnston）于1906年1月21日向桑吉岛[Sangi（Sanghi）Islands]和塔劳尔岛[Talauer（Talaut）Islands]统治者审问的当地居民所颁发的证书，伍德将军在1月21日访问的岛屿显然就是本争端所涉的岛屿。

这次访问后，美国发布声明，称帕尔马斯岛（米昂格斯岛）无疑是1898年12月10日缔结的《美国与西班牙和平条约》（下称《巴黎和约》）第Ⅲ条所界定的"菲律宾群岛"的一部分，西班牙根据本条的规定将该岛割让给了美国；荷兰则认为该岛是其所占据的东印度领土的组成部分。1906年3月31日起，双方就该问题展开了外交谈判，并最终于1925年1月23日缔结了《仲裁协定》。

*

在考察双方的主张之前，我们先来确定双方在仲裁程序中不存在争议的有关事实。

1. 双方向仲裁员提交了1898年12月10日的《巴黎和约》和

1925年1月23日的《仲裁协定》，两份国际协定仅以地理位置或通过明示或明确的称谓的方式准确提及了争议岛屿，或将其纳入或排除在某地理边界线所划定的一个区域之内或之外。我们将根据某当事国提出的主张所依据的具体行为考察涉及"菲律宾群岛"的国际条约及与当地君主签订的协定的范围。

2. 1906年之前，美国或西班牙作为一方，荷兰作为另一方，并未因帕尔马斯岛（米昂格斯岛）产生争端，因为它们尚未对该岛提出对抗性的主权主张。

90 3. 双方均主张争议岛屿在相当长的时期内属于距离该岛较近的某领土的附属领土，且本方对后者拥有无可争辩的主权。

4. 根据《特别协定》的规定（第I条），双方一致认为，基于本仲裁程序的目的，争议岛屿仅能够属于它们当中的一方或另一方。只有在当事双方的权利源自第三国的情况下，仲裁庭才得考虑第三国的权利。

* * *

双方通过缔结《仲裁协定》将本争端提交仲裁，各方须证明本方主张争端客体的主权所依据的理由。对于考察当事方主张的顺序，仲裁庭似乎宜先考察美国提出的权源，该权源产生于一项条约，美国称该条约权源产生于某个原始权源，该原始权源可追溯至荷兰提出的权源产生之前的一个时期；其次，仲裁庭需要考察荷兰提出的证明本国拥有主权权源的各项理由；最后，仲裁庭需要根据《仲裁协定》第I条第2段赋予的权限评估双方提出的权源。

*

由于不存在一份双方承认的国际协定清晰地确定帕尔马斯岛

（米昂格斯岛）的法律地位，可将双方的基本主张归纳如下：

作为西班牙对菲律宾群岛权利的继承国，美国首先基于发现主张权源。在美国看来，本国通过上述方式取得的主权不仅得到了最为可靠的制图者和作者的确认，也得到了条约的确认，特别是西班牙和荷兰自身均为缔约方的1648年《明斯特和约》的确认。基于同样的理由，根据国际法，并未发生可导致上述已经取得的权源消失的事件，该权源在西班牙依据1898年12月10日的《巴黎和约》将菲律宾群岛割让给美国时仍保持不变。在这种情况下，美国认为无须证明本国对帕尔马斯岛（米昂格斯岛）明确、实际行使了主权。美国政府最后主张帕尔马斯岛（米昂格斯岛）在地理上构成菲律宾群岛的一部分，依据地理邻近原则属于拥有菲律宾群岛主权的国家。

荷兰政府则提出，美国未能证明西班牙发现帕尔马斯岛（米昂格斯岛）这一事实，也未能证明其他领土取得方式，即便西班牙在当时拥有权源，它也已经丧失了该权源。地理邻近原则存在争议。

荷兰政府的基本主张旨在证明，自1677年，或可能甚至自更 91
早的1648年，一直到当前，荷兰拥有并行使了主权权利，东印度公司在第一个殖民时期曾代表荷兰行使主权权利。该主权产生于荷兰与桑吉岛（塔劳斯群岛的主要岛屿）当地君主签订的条约，条约确立了荷兰对这些君主所统治领土的宗主权，这其中就包括帕尔马斯岛（米昂格斯岛）。荷兰主张有关国际条约确认了上述状态的法律效力。

美国政府认为，荷兰未能证明其提出的主张所依据的事实，而且，即便荷兰证明了这些事实，它们也不能创设主权权源，或与帕尔马斯岛并不相关。

* * *

在考察双方的主张之前，仲裁庭需要先处理两个一般性的问题，一个关涉应当适用的实体法，即，本案所关涉的领土主权规则，另一个关涉程序法规则，即，当事方根据《仲裁协定》证明本方主张需要满足的条件。

*

首先，仲裁员认为有必要概述与领土相关的主权。

仲裁员将尽量聚焦《仲裁协定》所使用的术语。协定序言部分提及了“帕尔马斯岛（米昂格斯岛）的主权”，且根据第I条第2段，仲裁员的任务是“裁定帕尔马斯岛（米昂格斯岛）作为一个整体构成荷兰领土的一部分或属于美利坚合众国的领土”。一国拥有地球表面某一部分的主权似乎是该国将此部分纳入本国领土的必要法律条件。本裁决将与领土相关的主权称为“领土主权”。

在国家之间的关系中，主权意味着国家独立。对地球表面的某一部分而言，独立意味着国家有权在该部分行使排他性的国家职能。近几个世纪以来，随着民族国家及相关国际法的同步发展，国际法逐步确立了国家在本国领土内享有排他性国家权力的基本原则，该基本原则也成为解决国际关系中大多数问题的出发点。复合国（composite state）和共同主权等特殊情形与本案无关，也不能影响上述原则。除了上述例外情形外，领土主权总是专属于一国，或在例外情形下属于多个国家。从另一方面而言，一国对某特定区域行使国家职能是地球表面这些区域所具备的法律状态的明确特征，由于各国均不能或未能创设主权，公海和无主地不构成任何国家的领土。

一般而言，领土主权是国际法所承认的一种状态，它适用于通 92
过如下方式划定的地理空间：各国可以通过国际法认可的自然边界、设立明确的外在边界标识、缔结边界条约等法律文件或承认既有的边界等方式来划定该地理空间。若两国或多国对某地的主权归属存在争议，根据习惯国际法，应考察某主权声索国通过割让、征服、先占等方式取得的权源相对于其他声索国可能提出的对抗性权源是否具有优先性。若一国挑战另一国对某地的领土主权，且该另一国已经对该地实际行使了主权，该国仅能证明其在某特定的时期通过合法的方式取得了该地的主权，这并不足以为它创设对该地的领土主权；在这种情形下，它还须证明其合法取得的领土主权得以持续存在，一直存续到领土主权争端的关键日期，而且，这种主权展示必须属于实际行使领土主权的国家活动。

根据当今的国际法，领土主权权源的取得要么以国家对领土的有效控制为基础，如先占和征服，要么像割让那样假定割让国和受让国或至少二者之一有权有效地处置被割让的领土。同理，我们可将领土的自然添附看作是已经实际存在的主权拓展至国家活动范围内的某个地区。因此，很显然，对主权的构建具有至关重要作用的因素对该主权的存续亦属于不可或缺的因素。同理，虽然所依据的法律方式不同且对要求满足的条件也存在一定差异，实践和法理均承认持续、和平的领土主权展示（相对于他国而言是和平的）实际上就是一种权源。18 世纪中叶以来，国际法不断强化对先占有效性的要求，如果该有效性仅适用于领土取得行为而不适用于权利的保持，这将是不可想象的。国际法为何特别重视先占的有效性呢，这主要是因为在一国已经对某地确立领土主权的情形下，往往并不涉及控制的有效性问题。正如在国际法兴起之前，一国的领土边界取决于该国实际行使国家权威的范围，在国际法体制下，和平、持续的主权展示仍然是确定国家边界的最重要的因素。

如上所述，领土主权涉及一国行使国家权力的排他性权利。该权利具有对应的义务：在本国领土内保护他国权利的义务，特别是他国在和平和战时所享有的领土完整和不可侵犯的权利，以及
93 各国保护位于外国领土内本国国民的权利。若一国未能根据具体情形的要求行使领土主权，该国便无法履行上述义务。领土主权自身并不限于消极的一面，即，排除他国的活动；它还划定了各国的主权及人民活动的空间，以确保人们在任何地点均获得最低限度的保护，而国际法正是该最低限度保护的守卫者。

国内拥有完善的司法体系，可以承认抽象物权，不要求物权人以任何方式展示该权利，当然，它也通过时效和保护实际占有等原则对此加以限制。国际法并不建立在任何超国家组织的基础之上。因此，对于几乎是全部国际关系所依存的一项重要权利，国际法不能将领土主权简化为一项抽象的权利，而不要求主权国进行具体的主权展示。

在某特定的区域内持续、和平地行使国家职能是领土主权的构成要素，该原则不仅适用于独立国家及其边界的构成（如政治历史所显示的），它还基于各国广泛接受的国际法法理和实践得到多个联邦制国家的承认，此类国家可能需要在必要情况下适用国际法规则处理国家内部成员之间的关系。与所谓的国际关系所处的

体制不同，联邦国家具有规制成员之间事宜的完备的司法体系；在联邦制国家，对于土地争议，若不存在相反的特殊规定，一般应适用如下原则，即，已经合法取得的财产权利优先于事实上的占据，不论该事实上的占据得到了多么充分的证明。

我们可以参照美国联邦法院作出的几个类似的判决。在1890年的印第安纳州诉肯塔基州案中[*State of Indiana v. State of Kentucky* (136 U.S. 479)]，法院参照罗德岛诉马萨诸塞州案[*Rhode Island v. Massachusetts* (4 HOW. 591，639)]的判例，援引了瓦特尔(Vattel)和惠顿(Wheaton)的观点，二人均认为以一定的时间跨度为基础的时效是一种有效和无可争议的权源。

根据时间和地点等条件的不同，国家可通过不同的方式展示领土主权。原则上讲，主权展示须具有连续性，但主权实际上往往无法于任何时间、在领土的任何地点均得以行使。主权行使的间歇和间断是否符合维持领土主权的要求取决于领土的具体情况，比如领土是否有居民，或某区域被另一块领土包围，且一国对该领土无可争议地行使了主权，或者仅可通过公海进出该区域。邻国之间往往通过缔结条约来划定各自的主权范围，对于开发程度较低的大陆的内陆而言，邻国可通过这种方式防止对方侵犯本国的领土。这也是殖民强国提出腹地原则的主要考虑。

然而，如果不存在地形上足够精确的约定边界线，邻国划定的 94
边界存在空缺，或约定边界线存在争议，或位于公海上的某个岛屿所涉的情形，仍存在某权源是否具有对世性的问题，国家主权持续、和平的实际展示是在争端中判定领土主权的充分和自然的标准。

*

美国在《申请书》和《答辩状》中坚持认为，在国际仲裁中，仲裁庭不得考虑一方提出的无证据支撑的声明。仲裁庭不仅要依据相关的证据认定有关事实，而且双方应向仲裁庭提交相关的证据。美国进一步提出，根据《仲裁协定》的规定，申请书是双方唯一必须提交的文件，双方应在提交申请书的同时附上相关的证据。荷兰政府坚持认为，特别是在其应仲裁员的要求提交的《解释说明》中主张，国际仲裁并不具有正式的证据规则，而且两国在 1925 年 1 月 23 日缔结的《仲裁协定》也未明确限制仲裁庭的裁决自由。它进一步提出，一国政府关于本国行为所作的声明自身便构成证据，无须辅助证据加以证明。

鉴于举证的必要性和证据的可采性属于程序法问题，仲裁庭认为自身有权根据《仲裁协定》第 V 条裁判双方的争议。

根据《特别协定》第 II 条，双方在提交申请书和答辩状时应附上相关的证据，它仅涉及一方告知另一方本方提交证据的时间和地点，并未确定当事方的主张与文件及其他相关证据之间的必要关联。不论尽早提交尽可能完整的证据对仲裁程序的顺利推进多么重要，除非存在明确的约定，排除无证据支撑的主张或禁止在仲裁程序较晚的阶段提交相关的证据均与国际仲裁的基本原则相悖。

根据 1907 年的《和平解决国际争端海牙公约》第 51 条，该公约可作为公约适用范围内法律程序的辅助法律，或至少可用来解释此类仲裁协定。根据公约第 67 条、68 条和 69 条，除了根据公约第 63 条在提交申请书、申诉书和答辩状时提交证据外，经法庭同意或应法庭要求，当事国仍可以提交证据。接受和收集证据的自由可确保法庭基于与自身观点相关的完整的事实作出裁决。

《仲裁协定》第Ⅲ条赋予仲裁员的权限同样适用于要求当事国 95
进一步提交的书面解释，否则此类书面解释将不能涵盖当事国已经提出的主张，也不能包括文件和地图等证据。关于书面解释的限制并不包括书面程序，但是，并不能将这解释为排除任何类型的书面证据。仲裁员有权判定某主张是否需要相关的证据支撑，有权判定双方提交的证据是否充分，亦有权决定是否需要澄清当事方未提及的有关问题。该自由对仲裁员而言是至关重要的，因为他必须查明法律适用所依赖的事实，并据此作出裁决。因此，他必须考虑当事方主动或按要求提出的全部主张及提交的全部证据，并判定哪些主张得到了充分的证明。

在无明文规定的情况下，仲裁庭完全有权衡量当事方提出的主张的价值。同理，对于政府关于自身行为所作的声明，仲裁庭亦有权评估其价值。严格来说，这种声明并非法律文件，不属于可创设权利的宣言，而只是关于历史事实的声明。仲裁庭只能参照全部的证据、其他当事方所作的声明以及仲裁庭所了解的事实判定此种声明的价值和分量。

基于以上原因，仲裁员无法将1925年1月23日的《仲裁协定》解释为排除《海牙公约》上述条款辅助性的适用，或不考虑在提出时无证据支撑的主张。荷兰在《答辩状》中提及了《乌特勒支和约》(*Treaty of Utrecht*)，该和约的文本是众所周知的且当事国均可获得其文本；除此之外，双方未提及其他无记录的文件，任何当事方提出的无证据支撑的主张均不得作为裁决的依据。

有关的仲裁程序为双方就程序后期才提出的证据发表各自的意见提供了公平的机会，这包括双方有权应仲裁员的要求就申请书和答辩状中涉及的问题提交关于解释说明的反驳意见，而且仲裁庭还延长了提交反驳意见的期限。

Ⅲ

割让构成了美国权源主张的直接依据，而割让的依据则是《巴黎和约》，西班牙根据该条约将其对第Ⅲ条规定的区域所享有的全部主权权利转让给美国，这其中就包括它对帕尔马斯岛（米昂格斯岛）所享有的权利。

96 显然，西班牙不能转让其自身所享有的权利之外的任何权利。下面这封信函明确承认了上述法律原则。1900 年 4 月 7 日，美国国务卿致函西班牙驻华盛顿大使，讨论了双方对两个岛屿的不同意见，西班牙称两岛屿为本国的领土，它们刚好位于《巴黎和约》所确定的界限之外，双方对两岛屿是否属于条约割让的范围持不同的意见。美国政府提交的《解释说明》中附有该信的复印件，该信包括如下内容：“任何一方均不得将条约划定的边界和界限解读为限制或扩大西班牙的割让权利。若位于该界限内的某岛屿确定无疑地属于日本、中国、英国或荷兰，即便条约表面上将其纳入西班牙割让领土的范围之内，美国也无法从中取得有效的权源。美国谈判者坚持要求西班牙将其对菲律宾群岛享有的全部权源转移至美国，所要求的领土不多于或少于而应当正好是西班牙实际占据的全部领土。因此，美国政府必定坚持仅按照如下适当和公平的事实验证标准来判定争议割让地区的权源归属：‘西班牙是否应予以割让？如果西班牙享有有效的权源，该权源便发生转移；如果西班牙不享有有效的权源，它便不得转移任何权源。’”

虽然双方对位于条约界限之外的某些西班牙岛屿的割让范围存在异议，即便某岛屿属于《巴黎和约》所界定的界限之内，若西班牙不具有有效的权源，它亦无权割让该领土。显然，不论应当对某条约做何种正确的解释，均不得将其解释为可处置独立的第三国的权利。

然而，我们需要首先明确一点。《巴黎和约》第Ⅲ条与关于波多黎各的前条的起草方式不同，其用语似乎表明该条所界定范围内的菲律宾群岛在割让时处于西班牙的主权之下。如前所述，帕尔马斯岛位于条约规定的界线之内。因此，我们似乎可将第Ⅲ条视为确认了西班牙对于帕尔马斯岛（米昂格斯岛）的主权，而且该权利或权利主张将被转移至美国，然而双方在本案中提交的 1898 年的谈判记录显示，它们并未特别考察帕尔马斯岛的问题。

1899 年 2 月，美国向荷兰通报了《巴黎和约》，荷兰并未就划定菲律宾群岛界限的第Ⅲ条提出保留。第三国在收到条约通报后保持沉默是否对该国或条约缔约国的权利造成影响，该问题的答案取决于有关权利的性质。假如缔约方向第三国及时通报了条约划定的领土边界，该第三国仅对相关领土拥有初步的权源，未对领土实际实施任何主权活动，且未对上述通报提出反对，这将对该第三国所享有的初步的权源产生一定的影响。相反，根据上述的领 97
土主权原则，若第三国对争议领土享有主权，它对涉及处置本国领土的条约的通报保持沉默，这并不会对其既有的领土主权产生任何影响。

由此，帕尔马斯岛（米昂格斯岛）在《巴黎和约》缔结和生效时属于西班牙还是荷兰的领土便构成本案的关键问题。美国主张帕尔马斯岛(米昂格斯岛)为西班牙的领土,并否认荷兰拥有主权;荷兰则主张本国拥有该岛的主权,并否认西班牙拥有主权。只有经考察双方的理由认定帕尔马斯岛(米昂格斯岛)在上述关键时刻既不属于西班牙也不属于荷兰的情况下,仲裁庭才需要考虑《巴黎和约》的签署及美国向荷兰通报条约是否以及如何影响美国和荷兰对争议岛屿的权利主张。

*

如上所述,美国首先依据发现主张本国继承了西班牙的权利。对此,需要明确区分帕尔马斯岛(米昂格斯岛)的发现与菲律宾群岛的发现,因为西班牙无疑首先发现了后者并建立了殖民统治。我们将在讨论地理邻近主张时考虑后一个问题;现在,我们仅考虑作为争端对象的帕尔马斯岛的发现问题。

双方提交的有关帕尔马斯岛的发现证据首先是西班牙政府向美国政府发送的关于马六甲地区"塔劳斯岛(Talaos)、帕劳斯岛(Palaos)和马里安内斯岛(Marianes)"的探险和发现的档案调查。然而,美国政府在《反驳意见》中称本国并不特别依据西班牙在照会中提及的文件。

西班牙发现帕劳斯岛时看到的岛屿可能就是帕尔马斯岛(米昂格斯岛),该岛位于北纬5°48′,在萨兰加尼岛和圣奥古斯丁海角(Sarangani and Cape San Augustin)以东。西班牙政府提及了"梅安圭斯岛"(Meanguis),将其视为塔劳斯岛(Talaos),可能是塔劳茨岛(Talautse)或塔劳尔岛(Talauer),它实际上位于更南的海域,航海者可能将另一个岛屿误认为是该岛,或将其与西奥岛[Siau

(Siaoe)]南部的谭古兰当岛[Tangulandang (Tangulanda or Tahoelandang)]相互混淆，后一个岛屿可能是该报告中同时提及的附近的苏尔岛(Suar)。谭古兰当岛几乎是西里伯斯海与棉兰老岛之间最南端的岛屿，而帕尔马斯岛(米昂格斯岛)则位于最北端。在谭古兰当岛上有个地方叫米南干(Minangan)，它似乎也是关于该地区的地图上唯一与米昂格斯或其他类似称呼相似的名称。在 98
1678年、1779年、1896年和1905年的官方文件中，"马南加"(Mananga)这一地名似乎是指"谭古兰达"(Tagulanda)，从未用于代指该岛屿自身；虽然两岛屿事实上均属于塔布坎王国，人们对于帕尔马斯岛(米昂格斯岛)和米南干岛[Minangan (Manangan)]的认知存在混淆。然而，西班牙航海者的记载表明，米南干岛和"梅安圭斯岛"之间可能存在某种关联。

西班牙政府的上述说明并未详细描述探险的时间、航行者或观察到岛屿的情况，也无关于本次探险的原始报告及相关地图的证据支撑。

美国政府在其《反驳意见》中引用(翻译)了航海者洛艾萨(Garcia de Loaisa)的一份报告，该报告提及西班牙探险者在1526年10月曾看到了帕尔马斯岛(米昂格斯岛)。

早在1595年(或1596年)的地图(案件记录中最早的地图)就已经在帕尔马斯岛(米昂格斯岛)所处的地理位置上标示了"帕尔梅拉斯岛"[I (Ilha) de (or das) Palmeiras]或具有类似名称的岛屿[帕拉纳斯岛(Polanas)、帕尔马斯岛(Palmas)]，这一事实表明该岛在16世纪已经为人所知且已经被发现。根据荷兰提交的申请书，我们可以从1554年、1558年和1590年的地图中得出类似的结论。该岛使用的西班牙名称[帕尔梅拉斯岛(Ilha das Palmeiras)]自身并不能回答发现活动是否代表葡萄牙或西班牙做出的;林斯霍腾(Linschoten)绘制的地图使用了“帕尔梅拉斯岛”(I. das Palmeiras)这一名称,它对菲律宾群岛中的多数岛屿也使用葡萄牙语命名,而最早发现并占据这些岛屿的却是西班牙。

除西班牙和葡萄牙之外,帕尔马斯岛(米昂格斯岛)的发现活动似乎不可能是代表其他国家做出的。无论如何,基于本案的目的,我们可以认定西班牙拥有发现所创设的原始权源,因为由于如下原因我们可以忽略西班牙和葡萄牙在16世纪头75年间在西里伯斯海的关系:1581年,荷兰在该区域出现之前,西班牙和葡萄牙的王室是统一的。虽然葡萄牙在该年12月就开始了谋求与西班牙分立的斗争,西班牙在1648年与荷兰缔结《明斯特和约》(*Treaty of Münster*)时尚未承认葡萄牙分立,该和约也是规制西班牙与荷兰在争议所涉地区的关系的最早的条约。和约对葡萄牙占据的地区设有专款,但不涉及荷兰在1641年及之后从葡萄牙手中夺取的领土。我们似乎应当从该事实中得出如下结论,对于《明斯特和约》的两个缔约方而言,对原本分别属于西班牙和葡萄牙的领土应适用相同的规则。1714年6月26日缔结的《乌特勒支和约》第X条的用语也印证了上述结论,该条明确继承了《明斯特和
99 约》的第V条,但仅涉及与西班牙和荷兰相关的领土。因此,我们没有必要查明西班牙和葡萄牙中到底是哪个国家取得了原始权源,也无需分析后续的征服和割让对1648年之前的此种权源可能产生何种影响。

该岛的原始命名并未采取通常会采用的当地名称,而是借用

了一种欧洲语言，并与某种植被相关，这可能表明该岛的发现者并未登岛，或者该岛在当时尚无人居住。事实上，关于帕尔马斯岛发现的档案记录仅提及"看到"了某个岛屿，且根据有关的地理数据，该岛可能就是本争端所涉的岛屿。档案记录并未提及登岛或与当地居民接触的情况。无论如何，直到较近的时期，即，美国在其《申请书》中提及的马龙舰长（Captain Malone）和阿尔瓦雷兹法官先生（M. Alvarez）在1919年所做的报告，并无证据显示西班牙占据或对该岛实施了管理。

双方均承认，自中世纪末至19世纪末，关于无人居住的地区或野蛮人或半文明人居住的地区的发现与领土主权取得的国际法发生了巨大的变化。双方也一致同意应根据同时期的法律而不是有关争端产生或提交解决时有效的法律判定发现的效力。因此，仲裁庭应依据16世纪上半叶或16世纪第一个25年（最早的时期），葡萄牙或西班牙最早在西里伯斯海出现时的国际法，确定西班牙发现帕尔马斯岛可能创设的权利。

即便采纳对美国最有利的观点——对该观点的适当性做出完全的保留——即，我们认为根据当时的国际法，发现本身（仅看到该岛且并无任何占据活动，甚至象征性的占据活动）便可创设合法的领土主权，而不是须在发现后的合理期间内通过实际和持续的占据加以完善的初步权源，仲裁庭仍须裁定西班牙对该岛的主权在本案的关键日期，即《巴黎和约》缔结和生效之日，是否仍然存在。

对于在某特定的案件中应适用在先后时期内占据主导地位的

不同的法律体系的问题，即所谓的时际法问题，我们必须区分权利的创设与权利的存续。对创设权利的行为应适用权利产生时有效的法律，基于同样的法理，该权利的存续，或者说该权利的持续展示，也应满足法律沿革所要求的相应条件。由于地球上可供先占的无主地越来越少，自 18 世纪中叶以来，尤其是到了 19 世纪，国际法已经摈弃了先前的法律原则，即，一国可凭借单纯的发现行为或象征性的占据行为取得某地的领土主权，并确立了新的法律原则，即，一国只有在对所占据的领土实施有效控制的情况下才能通过先占取得领土主权，该国需要给他国及其国民提供特定的保障。
100 因此，若某地不处于任何国家的有效主权之下，也没有主人，但却将其预留给某国作为专属的影响范围，而且该国对该地的主权依据仅是现行法律不再认可的某种权源，即便该权源依据过去的国际法曾足以创设领土主权，该地的上述状态均与现行的国际法相悖。因此，如果不存在任何后续的活动，发现行为自身在当今已不足以为发现者创设对帕尔马斯岛（米昂格斯岛）的主权；既然不存在主权，也就自然不存在一国放弃主权以便另一国取代该国取得主权的问题。

另一方面，如果我们采纳这样的观点，即，发现并不创设确定的主权权源，而只创设“初步的权源”（inchoate title），那么，即便不存在外在的展示，该权源仍能够继续存在。然而，根据 19 世纪以来的主流观点，发现者必须在合理的期限内对发现的土地实施有效占据，才能完善通过发现创设的初步权源。基于上述关于确定应适用的先后法律体系的规则的法理（所谓的时际法原则），本案亦应适用上述法律原则。在本案中，西班牙在发现帕尔马斯岛之后的相当长的时期内并未行使任何主权活动，美国也不主张西班牙对该岛行使了领土主权。即便仲裁庭认定西班牙在1898年仍对该岛享有初步的权源，且该权源得到了《巴黎和约》第Ⅲ条的确认，它仍然并不优于另一国持续、和平的主权展示，因为这种展示甚至优于其他国家之前已经取得的确定的权源。仲裁庭将在考察荷兰的主张及比较任何一方关于本方主权展示的主张时考虑该观点。

*

其次，美国以条约确认为据声索帕尔马斯岛的主权。1648年6月30日的《和平条约》(根据缔约方的实践，以下称为《明斯特和约》)，确立了西班牙与荷兰之间的和平关系，第Ⅴ条规定了它们在东西印度洋的领土关系(条约第Ⅵ条仅关涉后一个问题)。

蒙特(J. DU MONT)所著的《万民法上的全球外交规则》[(*Corps Universel Diplomatique du Droit des Gens*)，第六卷，第1部分，1728年，第430页]一书引用了公约第Ⅴ条。第Ⅴ条规定：

“双方应根据已经做出和将来做出的专门授权，在东西印度洋 101
进行航行和贸易；应努力实现本条约所保障的安全，促使双方批准和约；该和约包括上述君主和国家或东西印度公司的成员以君主或国家的名义，在他们获得的授权范围内，缔结友好和结盟关系的君主、民族和人民。每一方，换言之，上述君主和国家各自应继续占据和享受它们各自统治和占据的城镇、城堡、堡垒、商业、东西印度洋地区的国家、巴西及亚洲、非洲和美洲的海岸，特别应包括葡萄牙自1641年已经从上述君主和国家占据的领土中夺取的地点和地区，还包括上述君主和国家此后在不违反本和约的情况下新征服和占据的领土。荷兰东西印度公司的管理者及其公务员和官员，不论职务高低，为该公司实际服务的士兵和海员，以及居住在该国或上述两公司管辖区域内的个人，他们可能暂时未被公司聘用但可能在日后被聘用，应效忠上述的欧洲君主和国家，并在所有国家享受自由及免受干扰的权利；他们可像上述君主和国家统治的地区的其他居民一样进行航行、交通和休闲。此外，双方同意并约定，西班牙应将其航行限定在他们当前控制的东印度洋地区，不得到其他地区航行；而且，这些低等国家的居民不得经常出入卡斯蒂利亚人(Castilians)在东印度洋占据的地区。”

该条款并未划定边界，也未明确属于一方或另一方的地区。另一方面，它确立了占据的判定标准。不论对该条文本中“持有/占有”一词(tenir/hold, posseder/possess)在当时的意思作多么自由和扩大的解释，也无法将这些条款解读为包括发现自身可创设的主权权利，即，看到某地这一事实。考虑到通过发现取得无主地的主权在当时已经普遍存在争议，若双方有意承认西班牙可通过该方式取得领土主权，它们很可能会在和约文本中对此作出明确的规定。此外，本条中的其他条款也印证了上述观点，该条规定“缔约双方在不影响本和约的情况下将征服和占据的地区”应与它们在缔约时已经占据的地区具有同等的地位。鉴于西班牙和葡萄
102 牙对于发现权的观点，考虑到1493年的《亚历山大六世教皇圣谕》(*Bull Inter Caetera of ALEXANDER VI*)、《明斯特和约》未明确规定两国在东西印度洋已经取得的地区及荷兰可在特定条件下日后取得的地区似乎应当包括已经发现但尚未占据的地区。还需要明确的是，《巴黎和约》第V条并非仅依据领土的实际占据情况解

决两国之间的争端，它还基于现状解决了西班牙的航行问题。虽然西班牙不能扩大其在东印度洋的航行范围，荷兰国民仅被排除在西班牙在东印度控制的"地区"之外。如果无法航行至某地，一国根本无法对仅发现的地区实施先占和殖民；另一方面，我们不能对将荷兰的航行和商业排除在西班牙的"地区"之外作扩大性的解释；此外，"地区"(place)这一法语单词在当时通常是指一国驻扎和保卫的地方，必须存在实际的定居，并暗示存在实际的活动；例如，本条约的第 VI 条使用了"港口、地区、军事要塞、房屋和城堡"。因此，单纯的发现所创设的权源并不适用于第 V 条所考虑的情况。既然《明斯特和约》并未通过地理分配的方式分割领土，且间接地拒绝承认发现所创设的权源，应根据关键时期的实际占据情况判定该和约与本案的关联。

在这一点上，美国并未提出有关的历史事实证据准确证明了西班牙对帕尔马斯岛展示或仅仅确认了本国的主权。然而，我们还需要考虑与《明斯特和约》相关的一个问题。美国在《解释说明》中复制了一份报告，即，伟大的菲律宾圣格雷戈里省天主教主教在 1927 年 2 月 7 日所作的报告，根据该报告，位于"卡雷克兰岛"(Island of Karekelan)东北的"米安吉斯岛"[Islands Miangis (Las Islas Miangis)，很可能是构成塔劳尔群岛一部分的纳努萨岛(Nanusa N. E. of Karakelang)]，它先是被葡萄牙控制，而后被荷兰占据，1606 年被西班牙夺取。在西班牙的统治下，菲律宾群岛的西班牙天主教对这些岛屿的精神管理在 1666 年终结，西班牙皇家海军总司令在当年摧毁了马六甲地区的全部防御工事，但同时对"荷兰驻马来总督"(Dutch Governor of Malayo)正式宣布西班牙国王对西班牙撤出的地区、堡垒和防御工事继续保留其所享有的全部权利。荷兰驻棉兰老岛总督在1857年8月12日的一份报告提及了关于该区域的历史事实,该报告称,荷兰在1667年将西班牙驱逐出塔布坎王国,而且塔布坎国王在“荷兰出现在马六甲群岛很久之前”就早已经征服了塔劳尔群岛。

103 荷兰认为,帕尔马斯岛(米昂格斯岛)自此与纳努萨群岛和塔劳尔群岛均为塔布坎王国的领土。若这一主张属实,鉴于米昂格斯岛与当地的塔布坎王国自古存在联系,该岛在1648年很可能至少为西班牙间接占据。然而,并无任何特定的证据证明这一点。

由于两国在1714年缔结了《乌特勒支和约》,即便仲裁庭在证据并不完整、不充分的情况下承认西班牙在1648年持有和占据的塔劳斯群岛(Talautse)包括塔劳尔岛、纳努萨岛和帕尔马斯岛(米昂格斯岛)等附属岛屿,荷兰在1677年占据塔布坎岛是否违反了《明斯特和约》亦不会影响本案的裁决。根据《乌特勒支和约》第X条,荷兰和西班牙承认《明斯特和约》第V条仍然有效。

1715年在乌特勒支出版的《乌特勒支和约的文本、备忘录和其他官方文件》(Actes, Mémoires et autres pièces authentiques concernant la Paix d'Utrecht)第五卷收录了第X条的法文文本,该条规定:

“已故的菲利普四世国王与荷兰于1648年1月30日缔结的《明斯特和约》是本条约的基础,其第5条和第16条在本条约未通过如下条款进行修改的情况下仍然有效,且这些条款仅对缔约双方及其国民有效。”

如果——除了战争状态对条约权利可能产生影响之外——该

条款不只确认了实际占据原则,规制缔约双方缔约时在东西印度洋的领土状态,而是预计到西班牙应收回荷兰通过违反《明斯特和约》取得的领土主权,双方无疑会在《乌特勒支和约》中对此作出明确的规定。

此外,西班牙在后来有机会的情况下,如在拿破仑战争结束后,从未主张恢复本国对荷兰违反《明斯特和约》或《乌特勒支和约》所占据或持有的领土的主权。

既然并无证据证明西班牙在1648年或1714年实际占有帕尔马斯岛,西班牙便无法依据《明斯特和约》或《乌特勒支和约》取得帕尔马斯岛(米昂格斯岛)的领土主权,荷兰也并非必须通过与西班牙达成协定才能改变该岛的主权归属。

因此,我们无须考察西班牙事后是否通过明确或确切的行为放弃了条约可能赋予它对帕尔马斯岛的权利。即便西班牙已经通 104
过条约取得了该岛的主权,而且它从未表示放弃该主权,仲裁庭仍须考虑另一国对该岛持续、和平地行使主权是否优于条约赋予西班牙的权利。

此外,西班牙与他国签署的条约虽然承认本国对菲律宾群岛的主权,但它们并未提及帕尔马斯岛,此条约对荷兰无拘束力,甚至不得作为本案的间接证据。

因此,我们需要回到这样一个问题上来,即,既然双方之间并无条约明确规定该岛的地位,就要判定是否有其他的证据充分证明存在领土主权。

*

虽然美国并不主张西班牙通过实际行使主权活动取得帕尔马

斯岛的领土主权，但美国在《答辩状》中还是提出，“至少有证据表明西班牙对该岛实施了某些活动”。在这种情况下，仲裁庭仍有必要查明西班牙是否以及在何种程度上对帕尔马斯岛（米昂格斯岛）行使了主权。为此，我们可以参照西班牙向美国政府提交的信息中的一个段落，美国政府于 1914 年 4 月 25 日通过外交照会将该信息发给了荷兰驻华盛顿的公使馆。美国在《申请书》的附件中复制了该段的文本：

“因此，帕尔马斯岛或米昂格斯岛位于《亚历山大教皇六世圣谕》及西班牙和葡萄牙关于马六甲地区的领土协议划定的界限之内，西班牙在该海域的多次航行中肯定发现了该岛，它一直归西班牙所有，直至西班牙根据《巴黎和约》割让菲律宾群岛。然而，我们并未发现有关西班牙对该岛实施统治的准确资料。

这是我们能够找到的有关该岛的全部资料和信息。毫无疑问，由于该岛在当时并不重要，发现者并未亲自占据该岛。菲律宾后来的统治者以及在著作中提及上述资料的史学家（如赫雷拉(Herrera)、纳瓦雷特（Navarrette）和基督协会的科林（Colin）牧师和帕斯泰勒（Pastelle）牧师）也均未详细描述有关该岛的信息。”

此外，应仲裁员的要求，美国提交了《解释说明》。经全面考察美国根据《巴黎和约》第 VIII 条从西班牙接收的有关帕尔马斯岛的文件，如司法、公证、行政事务文件，我们发现它们均未提及帕尔马斯岛当地居民在 1919 年向马龙舰长和阿尔瓦雷兹先生供述的信
105 息，如西班牙船舶甚至军舰定期巡逻及征收人头税。既然如此，我们便不能给予关于西班牙在近期行使主权的主张的证据任何分量，当然，这些证据实际上也属于争端发生之后的某个时期的

证据。

除了有关发现时期的上述事实之外，美国提交的证据中有文件提及西班牙领航员佩雷兹（Bartolome Pérez）于1604年1月31日从帕尔马斯岛发出的信件，但该信件的内容却不得而知。此外，美国提出帕尔马斯岛与棉兰老岛之间存在商业往来，但并无任何证据证明西班牙曾在帕尔马斯岛从事此种活动。

仲裁庭也未发现任何官方文件足以证明帕尔马斯岛隶属西班牙在菲律宾当地政府的一个行政区或司法辖区。前面提及的天主教主教发出的一份信件显示，"玛塔岛（Island of Mata）和帕尔马斯岛应当属于萨拉加尼群岛，并因此属于棉兰老岛上的迪瓦奥辖区（District of Divao）"。该信还称，"帕尔马斯岛距离棉兰老岛较近，必定在西班牙统治的后期由驻扎在达瓦奥辖区（District of Dávao）的牧师负责宗教管理"。该信所使用的用语显示，"米安吉斯岛"位于卡拉克郎岛（Island Karakelang）东北，这些声明，假定玛塔岛是存在的，并非是直接基于现场调查的信息做出的，而很可能是发信人自己的推测。

美国政府在其提交的《反驳意见》中附有西班牙传教士斯德拉（Steller）在1895年12月9日撰写的一封信件的摘录。该信件称，当斯德拉在帕尔马斯岛（米昂格斯岛）穿上荷兰军服时，美娜多岛（Menado）的当地居民立即表现出希望向当地首领授予勋章的愿望。由于该首领拒绝接受西班牙海军指挥官强行向其颁发的西班牙国旗，他当时被扣押在棉兰老岛。假设信件的内容属实，它也并非西班牙在当地行使主权的证据。相反，作为负责南菲律宾群岛巡逻的西班牙海军，若他们认为帕尔马斯岛为西班牙的领土，如果当地首领拒绝接受西班牙国旗，它自然应对该岛采取直接措施来确认西班牙的主权，或在涉及荷兰权利的情况下如伍德将军(General WOOD)在1906年访问该岛后与荷兰进行直接交涉。

对于有关当地语言及当地人懂西班牙语的信息，即便它是充分的，也因过于含糊而无法证明帕尔马斯岛（米昂格斯岛）与棉兰老岛之间存在政治和行政关联。

此外，伍德将军向美国岛屿事务管理局发送的一份电报（美国
106 在《解释说明》中附上了该电报）称，西班牙海军负责“菲律宾南部岛屿特别是其沿岸的行政检查”。由于根据《巴黎和约》，西班牙无须向美国移交军事和海军档案，美国并未获得有关西班牙在该地区实施检查的资料。西班牙海军负责检查南菲律宾群岛，而一般情形下此类群岛在当时应由省级政府直接管理，这一事实以及有关当地居民反抗西班牙统治的证据均可能导致这样一种结论，即，没有证据能够证明西班牙在帕尔马斯岛行使主权绝非是偶然的，这很可能是因为西班牙毫无兴趣对一个距离海岸较远且未完全臣服的小岛建立和维持统治。据奥迪斯将军（Major General E. S. Otis)1899年8月31日的报告显示，当地出现了战争状态，或摩洛人对西班牙的殖民统治存在抵抗和敌视。

美国还辩称，本国直到1898年才通过割让方式获得该岛的主权，在收集相关证据方面处于劣势，这导致本国无法提出足够的证据证明西班牙对帕尔马斯岛确立和行使了主权。仲裁员不应考虑该情形，因为他仅能依据双方提交的证据判案，且仅应考虑相关且经证实的事实。此外，并无证据表明西班牙拒绝向美国提供其索要的文件。

*

在美国提交的间接证据中，即，不证明行使主权而证明主权在法律上存在的证据中，有地图证据。美国政府在其《申请书》和《答辩意见》中全面讨论了该问题，荷兰在其《答辩状》中全面处理了该问题。经比对双方提供的信息，我们认为在判定帕尔马斯岛领土主权归属时，应特别谨慎地考量地图，至少对帕尔马斯岛（米昂格斯岛）之类的岛屿而言应当如此。对于任何未准确标示领土政治归属的地图，特别是未清楚地标示帕尔马斯岛（米昂格斯岛）主权归属的地图，我们均不能考虑，除非它们有助于——假定它们是准确的——确定地理名称的位置。

此外，如果存在合理的理由认为制图者不仅参照既有的地图——多数情况下是这种情况——而是基于自己专门仔细收集的信息做出决定，地图所标示的此类信息才具有价值。无论如何，官方或半官方的地图似乎能够满足这些条件，而且，若地图由当事国并非出于提出或强化其领土主权主张的目的而绘制，它们将具有更重要的作用。

若仲裁员可以通过其他证据来确定某法律事实，且信息来源无法考证的地图与该法律事实存在冲突，那么，不论此类地图的数量多么庞大，也不论其被接受的程度多么广泛，仲裁庭均不应考虑此类地图。

地图的准确性是其可作为证据证明相关法律事实的首要条 107
件。在这一点上，必须指出的是，不论是早期的地图，还是近期绘制的地图，甚至官方或半官方的地图，它们均缺乏必要的准确性。

因此，比较双方向仲裁员提交的地图，我们发现距离帕尔马斯岛（米昂格斯岛）较近或几乎与该岛具有相同经纬度的几个岛屿的存在或名称上存在疑问。几幅地图，包括近期的地图，标示了圣乔安娜岛（St. Joannes）、亨特岛（Hunter's Island）和玛塔岛中的全部或部分岛礁，但这些岛礁是否存在是存在疑问的。根据双方向仲裁员提交的证据，我们基本上可以断定并不存在玛塔岛，圣乔安娜岛和亨特岛就是帕尔马斯岛，但多幅地图却将它们标绘为不同且距离较远的岛屿。

《世纪地图集》[（*Century Atlas*），《美国申请书》证据 8]、美国岛屿事务局（Bureau of Insular Affairs of the United States）1902 年出版的地图（图示 11）标绘了"玛塔岛 I.""帕尔马斯岛 I."和"哈伊考克岛或亨特岛 I."。西班牙地图（蒙特罗舰长绘制），美国战争部复制了该图（图示 9），也提及了这三个岛屿，然而该图所指的"哈伊考克岛"和"亨特岛"却是不同的岛屿。1885 年的《挑战者探险地图》（*Challenger Expedition*）也存在同样的问题。荷兰在《申请书》中附上了《第 2575 号英国航海图》（*British Admiralty Chart No. 2575*），该图也是双方向仲裁员提交的唯一的一幅大比例尺地图，其注释显示它是基于现场调查绘制的。该图并未标绘其他地图在相应区域所标绘的玛塔岛、亨特岛或其他名称的岛屿，在两个点标绘了哈伊考克岛，这种标绘方法与图示 8 和图示 11 采用的方式完全不同。不论英国航海图在该问题所涉的细节上的准确性如何，我们均应极其谨慎地使用地图所标示的帕尔马斯岛（米昂格斯岛）的主权归属信息。美国政府认为，上面提及的蒙特罗舰长及美国岛屿事务局绘制的地图（图示 8 和图示 11）具有官方或准官方性质。然而，前者并未标绘政治边界，后者标绘了 1898 年 12 月 10 日缔结的《巴黎和约》划定的界线。因此，它们与双方争议的问题并不相关，而且它们也存在明显的错误，至少对亨特岛而言，它们将该岛明确地标绘在我们考虑的区域之内。

对于荷兰地图，美国政府认为至少有两幅具有官方性质，且它们均可能将帕尔马斯岛（米昂格斯岛）排除在荷兰的领土范围之外。第一幅由荷兰皇家军事学院的制图者博加尔特（BOGAERTS）应学院管理者的要求于 1857 年绘制，如果该图具有美国政府在《申请书》中所主张的官方属性，荷兰在《答辩状》中对此提出了异议，该图可能显示出帕尔马斯岛（米昂格斯岛）在当时并非荷兰领土而是西班牙的领土。无论如何，地图本身仅对一 108
国承认或放弃某种权利提供了一种指示，而且往往是非常间接的提示，除非地图被附于某法律文件之后，否则它并不具有此类法律文件所拥有的法律效力和价值。我们只能依据 1857 年前后的事实判定该地图的重要性，荷兰政府主张这些事实证明了本国对帕尔马斯岛（米昂格斯岛）行使了主权；我们应将这些事实和地图证据同时视为荷兰的理由，荷兰以地图证据支持本国关于这些事实的主张或确定名为梅安吉斯岛（Melangies）的准确位置。虽然博加尔特绘制的地图自身并不构成对西班牙主权的承认，我们需要进一步指出的是，该图对如下信息的标绘存在不准确之处，这包括梅安吉斯岛、该图标绘的位置更靠北的纳努萨岛及其他方面，如棉兰老岛的形状和某些小岛的着色。

荷兰《答辩状》中的信息似乎反驳了美国《申请书》基于荷兰殖民部出版的地图集（1897—1904 年）所得出的结论。该地图集中的一幅详图显示，米安吉斯岛[P. Miangis (E. Palmas)]为荷兰领土的一部分，该图不仅以彩色轮廓的方式标绘了该岛，而且将萨兰加尼群岛(Sarangani Islands)标示为美国领土。地图集中的总图，美国《申请书》中的图示 10，则将前者排除在荷兰的领土之外，并采用了划定不同殖民领土之间的分界线的标绘方式。毫无疑问，专门的地图应优先于一般性的地图，虽然后者的出版较前者晚了三个月。

该地图集第一版[Atlas der Nederlandsche Bezittingen in Oost-Indië (1883—1885)]中收录的专门地图显示，“梅兰吉斯岛”是位于纳努萨岛以北的一组岛屿，并非“帕尔马斯岛”，同样，博加尔特绘制的地图也在这一点上也做了类似的标绘。荷兰政府在其提交的《解释说明》中明确指出，制图者并非依据关于该地区新的真实信息绘制该地图，而是复制了已有的地图。

*

最后，仲裁庭还需要考虑美国基于地理邻近提出的权源。虽然国家基于地理状况的考虑，在某些情形下主张与本国海岸距离相对较近的岛屿为本国的领土，但国际法上并无所谓的地理邻近原则，即，一国可单凭位于本国领海外的某岛礁距离其领土距离最近这一事实，便可自然取得该岛的领土主权。依据习惯国际法的两大构成要素，从数量和质量的角度看，国际社会并无创设该法律原则所必需的足够多和足够明确的先例和国家实践。所谓地理邻近原则在内涵和外延上均极不确定，一国往往完全基于本国利益
109 的考虑在不同情形下投机性地选择支持或反对该原则。对岛屿而言，若涉及的问题是通过当事国缔结协定或以法律为基础等做出

裁决的方式将其分配给一国或另一国，地理邻近原则并非毫不相关，然而，该原则实际上推定某国的主权优先，与前面讨论的领土主权原则相悖，也与一国排除他国在该区域行使主权的权利及展示本国权威的义务不符。地理邻近原则也不能作为判定领土主权问题的法律方法，因为它完全缺乏准确性，并会在适用中导致相互矛盾的结果。这对本案的争议岛屿而言尤其如此，该岛与某单一的大陆相对更近，但构成另一个较大的群岛的一部分，且该群岛不同部分之间并不存在清晰的划界。

然而，我们仍需要讨论地理邻近理念的根基及其与帕尔马斯岛（米昂格斯岛）相关的一个问题。如上所述，一国对某地行使领土主权可能在时间或空间上存在空缺。这一现象在殖民地尤其是无居民的地区或半殖民地尤为突出。我们不得将一国无法证明其对此类地区行使了主权解读为它对该地区不享有主权，而应根据个案的具体情形加以判断。

然而，需要指出的是，在有关领土主权争端的国际司法裁判中［如意大利和瑞士关于阿尔卑斯克莱瓦罗拉地区的仲裁裁决(arbitration between Italy and Switzerland concerning the Alpe Craivarola)，〔法〕拉方丹(Lafontaine)，《国际判例》(*Pasicrisie internationale*)，1920 年版，第 201—209 页。］相较于领土在地理位置上的相近性，裁判机构往往给予一国的主权活动更多的考量，即便一案件中同时存在领土地理位置相近与国家间有自然边界的情况下亦是如此。

对于岛群而言，它在某些情形下可能在法律上属于一个整体，其主要部分的命运往往主宰附属部分的命运。然而，在这一点上，我们必须严格区分国家首次占有一领土的行为与对整个领土持续、长期地行使领土主权的活动。

对本案所涉的争议领土而言,我们必须注意,它从地理位置上看是一个相对独立的岛屿,有明确的领土界限。此外,岛上有长期居民,而且居民的人口数量要求对该岛的管理活动不得在长时间内缺失。双方在申请书中也均主张帕尔马斯岛(米昂格斯岛)与周围地区通过西班牙、荷兰,甚至当地的船舶存在交往。在这种情况下,即便假定帕尔马斯岛上仅有当地居民,若美国无法证明西班牙实施了任何公共管理活动,仲裁庭也很难认定西班牙对该岛行使了主权。

110 IV

荷兰主张,东印度公司早在 17 世纪便已经与塔劳斯岛的主要岛屿桑吉岛的塔布坎王国和塔鲁纳王国的君主签署了协定,通过这种方式确立了荷兰对帕尔马斯岛(米昂格斯岛)的主权,并在过去两个世纪中展示了主权。

荷兰提交的申请书附有荷兰东印度公司(1795 年后为荷兰政府)在 1677 年、1697 年、1720 年、1758 年、1828 年、1885 年和 1899 年与塔布坎王国和塔鲁纳王国的王子、王侯或国王所缔结的协定的文本。所有这些王国均位于桑吉岛的北部,且至少自 1885 年起,除该岛的上述部分外,还包括位置更靠北的某些小岛和纳努萨群岛,荷兰认为它们均无可争议地属于本国,这其中就包括帕尔马斯岛(米昂格斯岛)。这些先后缔结的协定在内容上极为相似;后期的协定更为完善,更符合有关经济、宗教和其他事宜的当代理念,但它们均以如下概念为基础,即,当地的首领臣服于荷兰东印度公司或荷兰，将它们作为自身的保护国。1771年、1779年和1882年的协定规定了有关属国的战时义务，具有突出的政治属性。距离属国最近的殖民政府的代表及殖民政府自身作为最后的救济手段拥有重要的权力，确保了附属国对保护国的依附。1885年的协定是西班牙将菲律宾群岛割让给美国之前所缔结的最后一份协定，该协定除规定了内部管理权力的分配事宜外，还有关涉国际利益的如下条款：禁止当地首领与其他外国势力直接交往，甚至与外国国民就重大经济事项进行交涉；将荷兰东印度币作为当地的法定货币；荷兰东印度政府对当地的外国人拥有管辖权；附属国有责任镇压奴隶反抗，打击非法奴隶运输和海盗；附属国有义务对海难提供救助。

即便最早于1677年签署的协定也有条款要求东印度公司的附属国拒绝其他国家特别是西班牙的国民进入其领地，禁止在当地从事新教之外的其他宗教活动。17、18世纪达成的协定也均有类似的条款。若西班牙和荷兰同时对帕尔马斯岛(米昂格斯岛)实际行使了主权，两国在如此长的时期内必定会发生冲突。

这些协定的真实性是不容置疑的。荷兰政府通过《仲裁协定》 111
规定的渠道向仲裁员提交了真实的副本，本国政府的适格官员还进行了明确的认证，这使得验证复印文本、签字或签章的真实性成为不必要的程序。这同样适用于从东印度公司或荷兰政府档案中取出的其他文件或文件的摘录。我们没有任何理由认为文本复制中出现的印刷错误会对有关证据的实际证明作用产生任何影响。

*

这些协定不时得以更新且似乎反映了保护国影响力的拓展，

这一事实似乎表明了宗主权体制的有效性。荷兰对桑吉岛和塔劳尔群岛的主权也是毫无争议的。荷兰展示了此类地区通常要求的领土主权。因此,本案待决的问题包括:

帕尔马斯岛(米昂格斯岛)在1898年是否为荷兰领土的一部分?

荷兰对帕尔马斯岛(米昂格斯岛)的主权在1898年是否实际存在,荷兰提出的关于该问题的事实是否得到了证明?

若主权主张建立在持续、和平的国家权威展示的基础之上,关于该展示的事实必须与争议领土准确相关。当然,这并不意味着必须在争议领土内专门设立管理机制;然而,若一领土与另一领土之间的法律联系并不构成国际法认可的可对抗另一国主权主张的联系,就不得将该领土附属于另一领土;在这种情况下,对争议地区持续、和平的实际权力展示才是最关键的因素。

1885年协定的附件描述了塔鲁纳岛的领土边界,有关条款首先规定塔劳尔群岛上的塔鲁纳王国的附属岛屿包括纳努萨群岛的各个岛屿,并以如下规定结束"最后包括梅兰吉斯岛[Melangis (Palmas)]"。同样,1899年协定关于领土边界的描述也规定纳努萨群岛(包括"米昂格斯岛")属于塔鲁纳王国的领土。若两协定所指的岛屿确为帕尔马斯岛,至少从文本和字义上看,该岛应为荷兰在当地相关属国的领土,荷兰无须证明其与帕尔马斯岛(米昂格斯岛)的首领专门签署了保护协定。

然而,双方对荷兰在帕尔马斯岛(米昂格斯岛)展示主权的证据存在较大争议。双方提交的关于伍德将军于1906年1月访问该岛的证据表明,该岛与荷兰在该地区统治的其他岛屿在当时存

在持续的联系，甚至有荷兰在当地行使主权的痕迹。伍德将军就 112
惊讶地注意到沙滩及迎接美国军舰的船舶上均飘扬着荷兰的国旗。根据他收集到的信息，帕尔马斯岛在他登岛的 15 年前甚至更早之前就已经悬挂了荷兰的国旗。既然荷兰与塔鲁纳王国在 1885 年和 1899 年签署的协定将帕尔马斯岛纳入荷兰在当地属国的版图，且在 1906 年也有初步的证据证明存在荷兰对该岛行使主权的某些痕迹，仲裁庭需要考察和确定证明该主权相关事实的性质以及此类事实所涉的历史时期。唯有如此，仲裁庭才可以判定荷兰是否对帕尔马斯岛在特定的时期内以持续、和平、有效的方式行使了主权，而且该主权展示依据当时的国际法已经有效排除了他国取得该岛主权的可能，也排除了美国后来通过割让获得其主权的可能。

* * *

在开始考察荷兰提出的支持本方主张的事实之前，我们需要解决双方存在不同看法的两个先决问题。这涉及美国提出的如下问题：第一，东印度公司代表荷兰政府行事在国际法上的效力，尤其是该公司与当地首领签署的协定的法律效力；第二，荷兰主张行使主权所涉的岛屿与帕尔马斯岛之间的同一性与非同一性。

*

我们必须将东印度公司以占据或殖民本案所涉地区为目的而实施的行为在国际法上视为完全等同于荷兰的国家行为。自 16 世纪末至 19 世纪，国家对私人成立的开展经济活动的公司（海外贸易公司）进行投资，赋予了这些公司取得和管理海外殖民地的公权力。荷兰东印度公司是最出名的此类公司之一。《明斯特和约》

第Ⅴ条及后来的《乌特勒支和约》均清楚地表明，东西印度公司有权创设国际法认可的情况；西班牙与荷兰之间的和平扩展至该公司以荷兰国家的名义缔结“友好和结盟关系”的所有“君主、民族和人民”。根据1602年特许状的第35条，该公司有权缔结条约，甚至是政治性质的条约。我们需要根据个案的具体情况判定该公司签署的协定具有纯粹的经济交易性质，还是具备政治和公共管理的属性。

113 由于当地王侯或人民的君主并非国际法认可的主体，荷兰及其东印度公司代表国家与他们签署的协定并不属于国际法意义上可创设权利和义务的条约。但是，此种性质的协定对国际法规制的情形并非完全没有间接的影响；如果它们并不构成国际法上的权源，它们仍然是法律在特定情形下必须考虑的事实。自地理大发现至今，殖民国家往往通过与当地政府签署协定的方式取得殖民领土，尤其是东印度洋地区的领土，协定总体上维持当地居民的现有组织形式不变，赋予殖民国家垄断经营或航行和商业特权、对外交往的专属权利，及对本国国民和外国人行使公共权威的权利。此类协定创设的法律关系一般属于宗主国和附属国关系或所谓的殖民保护关系。

实际上，此类协定的主体并不平等；它仅基于当地居民自治的原则确立了殖民地的内部管理结构。为规制与他国之间的关系，该组织结构要求创设权力，以确保国际法给每个国家施加的在本国领土上的义务得以履行。这样，宗主国对附属国的宗主权便成为它相对于其他主权国家对该地行使主权的基础和依据。对于是否满足了特定时期所要求的主权条件这一问题，应根据分配给当地政府或殖民国家的权限来确定。应根据个案的具体情况来判定此种体制对全部或部分领土而言是有效的还是虚假的。其他国家先前既有的权利是否禁止创设此种体制是必须回答的一个问题。

至少从总体上看，仲裁员的上述观点与美国政府在上述《解释说明》中所持的立场是一致的，美国国务卿在 1900 年 1 月 7 日致函西班牙驻美大使，对位于《巴黎和约》划定的界线之外的两个岛屿主张主权。信函指出，“西班牙并未直接管理两个岛屿，但西班牙已经成功地主张它们为本国的属国苏禄苏丹国（the Sultan of Sulu）的领地。在西班牙当局以派驻殖民官员进行某种模糊形式的监督的情况下，苏禄苏丹国当局负责管理它们，近期的战争导致西班牙撤回了本国的殖民当局”。

上述的《明斯特和约》第 V 条也明确承认了殖民国家与当地王侯和君主签订的协定；与荷兰政府或公司在东西印度洋签订结盟和友好条约所指的“君主、民族和人民”必须是当地的王侯和君主。

因此，仲裁员不能将荷兰主张的协定排除在应予考虑的因素之外。 114

*

对于争端所涉的岛屿与 1885 年协定和 1899 年协定中的“梅兰吉斯岛”和“米昂格斯岛”（Miangas）是否为同一岛屿，荷兰驻美娜岛总督在 1886 年 1 月向荷兰印度总督发送的大比例尺地图证明了这一点，该图使用不同的颜色区分了桑吉岛和塔劳尔群岛的行政辖区，与 1885 年协定的附件关于塔鲁纳王国领土的描述几乎完全一致，当然，它们在纳努萨岛的名称上存在出入，协定将其界定为由 7 个岛屿组成的岛群，并将该岛群中的一个岛屿命名为梅拉(哈)姆皮岛[Merampi (Mehampi)]。该大比例尺地图显然是为了行政管理的目的而绘制的，荷兰政府在其《解释说明》中复制了该图，该图将“梅兰吉斯岛的帕尔玛斯岛”(Palmas of Melangis)标绘为一个单独的岛屿，它虽然与本案所涉岛屿在大小和形状上存在出入，在位置上偏南约 40′，偏东约 20′，但我们应将它认定为帕尔马斯岛(米昂格斯岛)，因为最可靠的当代地图，特别是英国的航海图在塔劳尔岛或纳努萨岛与棉兰老岛之间并未标绘任何其他岛屿。

早期的地图也支持对该岛所做的这种相对正确的定位。考文斯和莫尔捷(Covens and Mortier)在阿姆斯特丹编辑的地图里在帕尔马斯岛(米昂格斯岛)所处的大致位置上标绘了一个单独的岛屿，将其标注为“梅娜格斯岛”(’t regte P° Menangus)，将其与伊兰顿梅娜格斯岛(engelsche Eilanden Menangus)及纳努萨群岛做了区分，该图的绘制时间不详，但肯定是在 18 世纪绘制的。该地图表明，在当时之前，关于梅娜格斯岛中的一个或几个岛屿的存在是不确定的，该不确定性显然可追溯到英国人达姆皮埃尔(Dampier)在 1689 年出版的书中提及了“梅安吉斯岛”的存在。

与考文斯和莫尔捷的上述观点相一致，航海家库阿特伦(Cuarteron)在 1855 年出版的一本书中也描述了一个名为“米安圭斯”的岛屿(Mianguis)，它与本案所涉的岛屿在位置上并不完全一致，但与纳努萨岛并非同一个岛屿，并处于圣奥古斯丁海角和纳努萨群岛的中间海域。阿特伦书中的地图将“米安圭斯岛”明确列为荷兰的领土，它使用不同的颜色清晰标绘了领土的政治边界；该图还附有某多次(1841—1849 年)在该海域旅行的作者提供的地理和统计信息,但并未充分说明有关信息的可靠性。此外,该图还提供了“米安圭斯岛”相对准确的地理位置[北纬 5° 33′ 30″(《仲裁协定》使用的是 5° 35′);罗马东经 114° 42′ 00″＝格林威治东经 127° 12′ 53″(《仲裁协定》使用的是 126° 36′)],及有关人口组成的大致的统计信息。此外,库阿特伦的著作还表明,“米安圭斯岛”是 115
纳努萨群岛之外的一个岛屿,但库阿特伦认为地图学家很少将纳努萨群岛称为“米安圭斯岛”。

荷兰政府的蒸汽船拉夫号(Raaf,1896 年 11 月)和艾迪号(H. M. S. Edi,1898 年 6 月)的报告证明了荷兰当局已经清楚地认识到很多地图将“米昂格斯岛”(Miangas)标注为“帕尔马斯岛”(Palmas)。这些官员明确提及了两个名称,并给予当时访问的岛屿几乎完全相同的航海位置。

这里,我们需要明确一点。地图上标绘的岛屿与协定中提及的岛屿使用了不同的名称:梅兰吉斯岛、米安加斯岛、米安圭斯岛。荷兰政府在《申请书》和《答辩状》中使用了十几个不同的名称,但荷兰认为它们均指同一个岛屿。这些名称的差异乍看起来非常明显,但荷兰政府提交的语言专家的证词对此做出了合理的解释。该岛的命名借用了当地的语言,难以将该语言通过音译转化为西方的字母,所以使用拼写不同的名称也就不难理解了,这也可以合理解释该岛为何存在如此多的名称。甚至连马六甲总督早在 1701 年 5 月 11 日的一封信及 1726 年 9 月 12 日的一份报告都已经记录了该岛名字拼写上的差异。此外,拼写差异并不意味着不同名称指的是不同的岛屿,因为在有关区域内并不存在这些名称——至少它们中的大多数——所指的岛屿之外的其他岛屿。塔布坎(Tabukan)王国的属国 18 世纪和 19 世纪的有关文件表明,谭古兰当岛(Island of Tangulandang)所指的米南干(Minangas)地区显然并不是米安加斯岛。

双方提交的证据中无证据支持这样一种假设,即,某些老地图上所标绘为"梅娜加斯岛"('t regte Menangus)的岛屿就是阿里亚加岛[Ariaga (Marare)],因为根据美国在《申请书》中提及的卡尔比(Melvill van Carnbee)的说法,阿里亚加岛是无人居住的。

美国在其《答辩意见》中特别强调了这样一个事实,即,几位知名的制图者和航海家在 19 世纪将纳努萨群岛或该群岛中的某些岛屿标注为"梅安吉斯岛"(Islands Meangis)或使用了类似的名称,在这些制图者和航海者中某些是荷兰人,其中就包括卡尔比(Baron Melvill van Carnbee)。这种说法显然是准确的,但它不能证明作为塔布坎王国或塔鲁纳王国或坎大哈—塔鲁纳(Kandahar-Taruna)王国属地的米安加斯岛与美安吉岛(Is. Meangi)或使用类似名称的一组岛屿是同一个岛屿。显然,制图者倾向于使用"梅安吉斯岛"(Iles Meangis)或某些类似名称的一组岛屿。另一方面,双方争议的岛屿能且只能是一个单独的、遥远的、孤立的岛屿。将梅安吉斯岛这一名称代指纳努萨岛似乎是一个错误,因为双方提交的大致同时期的官方文件将该岛称为"梅安吉斯岛"(Is.
116 Meangis),明确区分了构成纳努萨岛的主要岛屿及米安加斯岛、梅安加斯岛或美兰吉斯岛(Melangis),尽管它们将后者视为纳努萨群岛的附属岛屿。将纳努萨群岛与"梅安吉斯岛"相混淆可能是因为制图者希望在某处定位梅安吉斯岛,该岛自达姆皮埃尔

(Dampier)的航海之后开始出名。鉴于当事国提交的几乎全部地图直到当今在西里伯斯海该海域中岛屿的命名和位置上存在极大的不准确性,包括卡尔比绘制的两幅地图,及荷兰人在内的制图者为“米昂格斯岛”(Miangas)错误地命名,便是极有可能的了。

某些地图标绘的三个“英国梅南吉斯岛”可能是确实存在的,三岛位于“右梅南吉斯岛”(right Menangis)以东,其中一幅详图还标注了附近海域的深度,但据库阿特伦的报告,它们因地震而消失。

最后,需要指出的是,除了较近的时期外,并无证据显示帕尔马斯岛及应当加以区分的圣胡安岛、玛塔岛、亨特岛的居民信息。此外,除玛塔岛外,航海者并未登岛,也未与当地居民接触,便给岛屿命了名。然而,米昂格斯岛是一个当地名称,当地居民必定已经向当地首领报告了他们与航海者的接触。米昂格斯岛这一名称指的是某定居的地方(negorij),比 1892 年设立集中居住的村落要早很多。

基于以上分析,我们认为,1885 年协定和 1899 年协定提及与纳努萨岛有关联但却是一个单独的梅兰吉斯岛或米安吉斯岛,该岛属于塔鲁纳(Taruna)王国或坎大哈—塔鲁纳王国,协定所指的只能是双方在本案中的争议岛屿,而且至少自 18 世纪以来,人们就以这些相同或相似的名称称呼该岛。作为一个单独的岛屿,“米安加斯岛”毫无疑问是存在的,如果它不是指本争端所涉的岛屿,我们不可能假定它是指其他的岛屿。

1901 年出版的《荷兰东印度地图集》(1897—1904 年)(*Atlas van Nederlandsch Oost-Indië*)中的第 14 幅专图将“米安吉斯岛”

[P. Miangis (Palmas E.)]标绘为荷兰在《仲裁协定》所指的区域中的领土，这与之前的地图和信息相一致，特别是荷兰政府在1886年绘制的专门地图。在这种情况下，我们不应给予如下事实任何分量，即，博加尔特1857年绘制的地图、《斯特姆福特和西艾特霍夫地图集》(*atlas of Stemfort and Siethoff*，1883—1885)及其他地图标绘了名为“梅安吉斯”或使用类似名称的一组岛屿。

* * *

在解决了上述先决问题后，仲裁员将接着考虑荷兰政府提交的支持本国主张的证据。

荷兰主张，17和18世纪的相关文件表明，荷兰自塔布坎王国时期便已经对帕尔马斯岛(米昂格斯岛)提出了主权要求，并实际行使了某些权威。

117 荷兰政府给予了如下事实重大的分量，即，荷兰航海家曾在棉兰老岛南部海域寻找达姆皮尔提及的米安吉斯岛，他们在部分得以保存的部分报告中提及不仅看到了帕尔马斯岛(米昂格斯岛)，还称该岛属于当地的塔布坎王国，根据1677年11月3日和1697年9月26日缔结的协定，塔布坎王国为荷兰的属国。

以下事实也证明了荷兰的统治，荷兰籍船舶拉里克号(Larycque)和德皮尔号(De Peer)曾在1700年11与21日抵达该岛，看到岛上的居民挥舞荷兰东印度公司的旗帜，但两船由于海况复杂未能登岛。拉里克号的船长曾在同年11月12日已经看到该岛，奉命登岛并对其做更细致的调查，他在12月9日和10日完成了该任务。当地居民不仅再次举起荷兰东印度公司的旗帜，他们还告知海员们该岛的名称为“米安吉斯岛”。他们向船长出示了一份文件——该文件自此遗失，可追溯至1681年，出自已故的塔布坎国王，1697年的协定确认了该国王的存在和死亡——文件称“米安吉斯岛”的居民效忠塔布坎王国。1701年5月11日，马鲁古群岛的总督(Governor in Council of the Moluccas at Ternate)致函印度总督(Governor General and India Council)，该信间接报告了1700年12月10日访问该岛的情况。该信显然是基于拉里克号船长提供的信息撰写的，船长在1700年12月29日已经抵达特尔纳特(Ternate)，总督在信中称该岛屿为塔劳尔群岛最远的岛屿，其准确的名称应拼写为“米安吉斯岛”(Meangis)而不是“玛雅吉斯岛”(Mayages)。

这些声明加之所有的报告讨论的都是一个单独的岛屿，未提及附近的岛屿，且该岛屿的形状与帕尔马斯岛(米昂格斯岛)几乎完全一致，因此，几乎可以肯定的是，报告所讨论的岛屿就是帕尔马斯岛(米昂格斯岛)；当然，上述报告中所记录的地理信息(4°49′；4°37′；5°9′)也可能是指纳努萨群岛，但该岛居民同样效忠塔布坎王国。这些记录虽然存在错误，但似乎比荷兰用于确定争议岛屿位置的依据更为准确，荷兰在其申请书中主要依据在该海域巡航的时间长度来确定岛屿的位置。然而，既然西里伯斯海的上述海域不存在其他单独的岛屿，航行者在11月和12月的三次航行中均不太可能看到其他岛屿并在报告中提及这些岛屿，拉里克号船在1700年12月10日所访问的岛屿极有可能就是帕尔马斯岛(米昂格斯岛)。

1701年11月1日的另一份文件提及了“米昂吉岛”
(Meamgy，该岛与纳努萨群岛相关，但是一个独立的岛屿)，该文 118

件涉及塔布坎王国的刑事司法管理事宜(打击仇杀,由东印度公司专属管辖死刑的保留),文件称 1700 年 12 月 10 日所访问的岛屿隶属塔布坎王国。塔布坎王国的法律设专款明确规定该法适用于“纳努萨群岛及其米昂吉岛”,这表明后一个岛屿的名称是为人所知的,且立法者有意将其作为荷兰保护国——塔布坎王国的领土来处理。

荷兰驻特尔纳特总督于 1706 年 7 月 11 日所做的一份报告提及了“米昂格斯岛”(Miangas),将其视为塔布坎王国和塔鲁纳王国最北部的属地,该岛与纳努萨群岛的“喀卡罗当岛”(Kakarotang)相关,并明确将其确定为拉里克号船在 1700 年 11 月 21 日所看到的岛屿。最后,荷兰驻特尔纳特总督于 1726 年 9 月 12 日所做的另一份报告提及了关于 80 名塔劳尔人(塔劳尔岛居民)是否属于塔鲁纳王国或塔布坎王国管辖的决定,这些人自“米安加斯岛”(或)“美加吉斯岛”[Meangas (or) Mejages]来到塔鲁纳王国。该岛被明确地确定为拉里克号船长在 1700 年所访问的岛屿。

基于该档案证据,加之如下事实,即,塔劳斯群岛和塔劳尔群岛以北海域并无其他岛屿被称为米昂格斯岛或具有与帕尔马斯岛(米昂格斯岛)不同的类似名称,我们将得出如下结论,即,荷兰东印度公司在 18 世纪将帕尔马斯岛(米昂格斯岛)视为其属国塔布坎王国的一部分。可能是由于这种原因,此后,特别是 1825 年的一份官方报告再次提及“遥远的梅兰吉斯岛”属于塔布坎王国。

1825 年后的文件表明,梅兰吉斯岛似乎成为塔鲁纳王国的属地,塔鲁纳王国是荷兰在桑吉岛北部的另一个属地,它在 1726 年就已经主张该岛为本国的领土。该转移发生的时间和原因不清,但它应当发生在1858年之前;棉兰老岛总督在1857年12月31日的一份报告中将纳努萨群岛和梅兰吉斯岛作为塔鲁纳王国的一部分。1885年和1899年,该岛的归属状态得以维持。根据国际法,某个岛屿从一个被保护国转移到另一个被保护国纯粹属于荷兰的国内事务,因为荷兰对塔布坎王国和塔鲁纳王国的宗主权可追溯到该转移发生日期的很久之前。

考虑到1676年协定和1697年协定均将荷兰东印度公司确立为塔布坎王国的宗主国,并赋予了东印度公司排他性的对外交往权,而且有证据证明东印度公司于1701年和1726年明确地对帕尔马斯岛行使了两次典型的管辖活动,其他国家在这一时期并未展示任何主权,仲裁庭裁定,至少自18世纪头25年起甚至更早之前,荷兰东印度公司便对帕尔马斯岛(米昂格斯岛)行使了主权;根据当时的国际法,该岛处于荷兰的主权之下。

双方向仲裁员提交的证据均不能导致如下结论,即,上述状态 119
在1648年已经存在且得到了《明斯特和约》的确认。我们只需要参照关于条约与西班牙主张的权源之间的关系的上述讨论即可。一方面,荷兰的实际占据状态并未转化为当事方之间的条约权源,因为荷兰未能证明本国对帕尔马斯岛(米昂格斯岛)的占据在关键日期仍然存在。另一方面,如果它们适用于本案的话,也不得基于《明斯特和约》和《乌特勒支和约》主张荷兰在1648年之后的某个日期取得帕尔马斯岛(米昂格斯岛)的主权是无效的。基于关于荷兰在18世纪早期对塔布坎王国的宗主权权利以及塔布坎王国与帕尔马斯岛(米昂格斯岛)之间的关系的以上论述,《乌特勒支和约》承认这些宗主权利适用于包括塔布坎王国的君主在内的“与荷兰或东、西印度公司存在友好和结盟关系的君主、民族和人民”。

*

虽然已确认荷兰在18世纪早期便拥有帕尔马斯岛的领土主权，且荷兰在19世纪，尤其是在1906年展示了该主权，仲裁庭在这种情形下仍不得采纳荷兰依据法国、荷兰和德国民法上类似制度所提出的主张，即，除非证明存在相反的情形，否则应推定荷兰的主权在这期间一直得以存续。基于以上原因，在国际司法裁判中，除非另有明确规定，否则不得适用上述法律推定制度。仲裁庭仍须根据或长或短的期间内的主权展示证据判定是否存在持续的主权展示。

荷兰向仲裁庭提交的文档证据存在较大的时间空缺，这并不涉及有关被保护国塔布坎王国的一般证据，而涉及有关帕尔马斯岛（米昂格斯岛）的直接证据。范德尔顿总督在1825年的报告中提及“梅兰吉斯岛”属塔布坎王国，这并不意味着二者在1726—1825年间不存在此种关系。

范德尔顿总督的报告以及19世纪的其他相关文件均表明荷兰当局一直将米昂格斯岛视为桑吉岛和塔劳尔岛的一部分，并与纳努萨群岛存在特定的联系。棉兰老岛总督1857年8月12日的一份报告详细说明了当地的管理架构，包括村庄、辖区的名称及当地官员的人数、职务和名称等。梅兰吉斯岛属纳努萨岛管辖，但它并非“纳努萨群岛”[一般被称为梅哈姆皮岛（Mehampi）]或卡拉顿岛（Karaton）；该岛由一名并只有一名首领管理，该首领当时被称为萨索（Sasoeh）。该文件表明梅兰吉斯岛在当时的法律地位是毫无疑问的，它也与上述1885年协定和1899年协定关于帕尔马斯

岛(米昂格斯岛)领土属性的描述一致。此外,它也与 1889 年 9 月 120
15 日的一份表格相符,该表格描述了塔劳尔群岛的管理辖区体系,塔劳尔群岛是桑吉群岛当地首领的属地。

然而,1895 年之前,帕尔马斯岛与殖民统治当局之间的直接关系似乎非常松散。根据棉兰老岛总督在 1895 年 11 月赴该岛访问后完成的一份报告,当地居民称在之前并无其他欧洲船舶访问该岛,总督本人也以为自己是首位登岛的殖民官员。艾迪号军舰的指挥官曾于 1898 年在西里伯斯海巡航,他在报告中提及"在人们的记忆当中,之前并无任何蒸汽船抵达米昂格斯岛"。有关该岛或该区域在 1895 年之前状况的文献非常有限,但也并非毫无任何记录。荷兰为此向仲裁庭提交了当地居民、首领和其他年长者的证言和证词,他们的相关记忆可追溯至 1906 年之前,至少可至 1870 年,其中两人以当地语言作证。根据这些证词,米昂格斯岛的当地居民先前曾每年向塔鲁纳国王进贡以表示臣服之意,证词甚至详细描述了进贡的细节。另一方面,塔鲁纳国王则有义务在危难时刻向该岛居民提供帮助。荷兰某位民事官员的宣誓证词列举了塔布坎王国(可能是塔鲁纳王国)或棉兰老岛总督在 1917 年前为米昂格斯岛委任的 8 位首领的名单。

这些证言和证词均采集于 1924 年之后,不论其证明价值如何,它关于该岛状况的描述在某些方面得到了文献证据的旁证。棉兰老岛总督在 1889 年 9 月 15 日签署的委任状证实了委任首领的名单。然而,最为重要的事实当属荷兰当局向米昂格斯岛的居民征税。早期,岛上居民曾向塔鲁纳国王进贡席子、大米等物品。根据两岛之间于 1885 年达成的协议,进贡物品被人头税取代(每位18周岁以上的当地居民每年应缴纳一弗罗林)。荷兰政府提交了一份表格,该表记录了塔劳尔群岛上的桑吉王国的所有属国的纳税人的数量及应缴的赋税金额。主管塔鲁纳王国的荷兰殖民官员在1896年11月提交的报告中提及,当地人在更大的岛上出卖产品换取钱财,以缴纳赋税。艾迪号军舰指挥官在1898年6月提交的报告中也确认了征税的事实。在该表中,“梅娜加萨岛”(Menagasa)为塔鲁纳王国的属国纳努萨王国管辖的一部分,该岛共有88名纳税者,每人应缴纳一弗罗林。

主管塔鲁纳岛的荷兰殖民官员在1896年11月17日提交的报告中提及“梅兰吉斯岛”的居民通过在更大的岛上出卖产品获取钱财以支付应缴的新赋税。艾迪号军舰指挥官于1898年6月18日提交的报告中也确认了当地居民有效缴税的事实。

据主管塔鲁纳岛的荷兰殖民官员的上述报告,荷兰在1896年11月4日向米昂格斯岛当地首领“劳艾特队长”(Kapitein-laoet)
121 发放了军服。就在两日之前,荷兰对纳努萨群岛的另一个岛屿卡拉顿岛实施了同样的行为。报告提及,在两起事件中,当地统治者均被告知了这种行为的意义。根据荷兰国王1843年的授意,发放军服和国旗是行使国家主权的行为。艾迪号军舰在1898年访问该岛时发现荷兰于1896年放置在米昂格斯岛的军服仍保存完好。荷兰船舶“拉夫”号和“艾迪”号的指挥官在1895年和1898年绘制的草图也证明了该岛存在荷兰国旗。1898年5月13日,荷兰命令艾迪号军舰驻扎西里伯斯海东北海域,明确负责该海域海岸、桑吉岛和塔劳尔群岛的巡航,并有权“在必要情况下,确保维护中立的规则得以遵守”。艾迪号军舰的航海日志证明,它曾在战争期间于 1898 年 6 月和 9 月两次访问帕尔马斯岛(米昂格斯岛)。

*

应当明确的是,对于 20 世纪的主权展示证据,根据国家间仲裁程序的一般原则及双方在 1915 年达成的一致意见,即美国国务院 1915 年 1 月 25 日的声明与荷兰驻华盛顿大使在 1915 年 5 月 29 日的声明,必须排除 1906 年之后发生的事件。美国与西班牙于 1898 年达成《巴黎和约》至 1906 年之间发生的事实本身也不得用以证明该岛在西班牙割让菲律宾群岛这一关键时刻的法律地位。然而,这些事实与本案具有一定的间接关联,因为它们可能说明之前较近的时期内的有关情况。首先需要指出的是,荷兰与帕尔马斯岛(米昂格斯岛)之间的关系在《巴黎和约》前后并无实质的变化。因此,仲裁庭毫无疑问应排除 1899—1906 年间因受该条约影响而发生的事件。荷兰与当地坎大哈—塔鲁纳王国于 1899 年达成的协定与 1885 年的协定基本一致,协定在 1898 年前已经处于起草阶段。1904 年和 1905 年的表格显示,当地的税收制度与 1895 年相比并无变化。荷兰在 1889 年委任了当地的首领,该首领在 1917 年才由另一人接任。

1904 年 10 月发生台风后,向该岛提供帮助自身并不一定构成国家职权的展示,但棉兰老岛总督在 1904 年 12 月 31 日的报告显示,"米安吉斯岛"遭到严重的破坏,仅通过政府救济得到了必要的帮助。该岛居民之前便向桑吉岛的首领进贡,拥有更多资源、面积更大的岛屿在该岛受灾时向其提供救助,这也证明了上述结论。

V 122

基于对于双方主张的上述考察,我们可以得出如下结论:

美国对于帕尔马斯岛(米昂格斯岛)的主权主张源自西班牙根据《巴黎和约》进行的割让。虽然争议岛屿位于条约所界定的割让范围之内,且荷兰未对该界限做出任何保留或提出抗议,由于西班牙对该岛并不享有主权,美国无法从中取得任何主权权源。由此,关键的问题是判定西班牙在《巴黎和约》生效时是否拥有帕尔马斯岛(米昂格斯岛)的主权。

美国还基于发现、条约确认、连续的权源主张主权,连续性的权源是指导致取得主权的行为或情况;但美国并未证明本国在任何时候有效展示了通过上述方式取得的主权。

相反,荷兰主要基于对该岛和平、连续的国家权威展示主张主权。由于此种权源在国际法上优于未伴随国家权威实际展示的主权权源,我们需要首先确定荷兰的主张是否得到了充分的证明,如果是这样,它又涉及哪些时间段。

仲裁员认为荷兰成功地证明了如下事实:

a. 帕尔马斯岛(米昂格斯岛)就是以该名称或类似名称命名的岛屿,它至少自1700年起便先后构成桑吉岛(塔劳斯岛)当地王国的组成部分。

b. 自1677年起,东印度公司与荷兰先后通过缔结保护协定的方式与这些当地的王国建立联系,荷兰由此取得宗主权,并可将被保护国视为本国领土的组成部分。

c. 1700—1898年间的不同时期及1898—1906年间,宗主国或附属国针对帕尔马斯岛(米昂格斯岛)行使了国家权威。

荷兰对帕尔马斯岛(米昂格斯岛)间接或直接的主权展示并不多,尤其是在18世纪和19世纪早期的展示极少,而且关于连续展示的证据也存在相当大的空缺。但是，国家对一个面积较小、距离较远且仅由当地人居住的岛屿的主权展示往往并不是经常性的，而且主权展示也无须可追溯至较久远的时期。只要荷兰能够证明这种主权展示在 1898 年存在便足够了，这种展示曾经一度是连续、和平的，而且如果一国认为本国在这期间对该岛享有主权，根 123
据当地的具体情况，它完全有可能发现存在与本国的现实权利或权利主张相冲突的事实状态。

荷兰没有必要证明主权展示始于某特定的时间段，只要能够证明它在 1898 年之前的一个关键时段内存在便足够了。一般而言，国家往往通过不断强化对某地的控制，经过一个缓慢的沿革过程才确立本国对该地的主权。殖民国家通过对诸如附属国的海外领地建立宗主权的方式取得主权就属于这种情况。

19 世纪中叶以来的主权活动证据清楚地表明荷兰印度政府将帕尔马斯岛视为本国占据领土的一部分，而且 1898 年之前的若干年的证据表明荷兰加强了本国对该岛的主权展示。

自西班牙于 1666 年从马六甲撤出且对维持本国的主权权利作出明确的保留，至美国于 1906 年就荷兰对帕尔马斯岛行使主权提出抗议，并无证据表明，在这期间，针对荷兰对塔劳尔群岛的附属岛屿（包括米昂格斯岛）行使主权权利，西班牙进行了任何形式的反对或抗议活动。因此，我们必须承认荷兰在主权展示证据所涉的整个时期（1700—1906 年）对该岛的主权展示是和平的。

此外，他国对某地在同一时期行使主权活动可能制衡或减弱荷兰的主权展示，但并无证据证明西班牙或其他国家曾对帕尔马斯岛行使了主权。对于第三国而言，双方向仲裁庭提交的证据并未显示存在任何此类行为，至少自17世纪中叶以来是这样的。这些情况，加之无证据证明西班牙和荷兰在两个多世纪中因帕尔马斯岛（米昂格斯岛）发生冲突，构成了荷兰排他性的主权展示的间接证据。

虽然如此，我们仍需要考虑两个问题：一是，国家权威的展示是否存在法律缺陷，并因此无法创设有效的权源；二是，美国是否无法提出优于荷兰的权源。

对于美国在《答辩状》中已经谈及的通过持续、和平的国家权威展示（所谓的时效）取得主权的方式，需要明确如下几点：

主权展示必须是公开的，换言之，它符合对殖民国家行使主权的惯例。对某个有人居住的领土在相当长的时期内秘密行使主权几乎是不可能的。荷兰也无义务向其他国家通告本国对于桑吉国的宗主权及其对这些领土的主权展示通告给其他国家。

124 此种通告，如其他的官方行为一样，仅得基于法律明确规定的法定条件。列强在1885年对非洲大陆确立的此种规则并不适用于其他地区，因此也不适用于荷兰在1885年、1889年与塔鲁纳王国签订的协定，即便我们将它们视为荷兰首次对帕尔马斯岛（米昂格斯岛）声索主权，对它们也不应适用通告规则。

此外，毫无疑问，荷兰对桑吉国行使国家权威是基于自身对该地的主权而并非其他转承性的或不确定的权源。

最后，需要明确的是，仲裁庭并无必要讨论以下问题，即，荷兰于1677年对塔劳斯岛确立宗主权是否违反了《明斯特和约》的规定，这一情况是否阻止荷兰通过持续展示国家权威取得帕尔马斯岛的主权，因为《乌特勒支和约》承认了1714年时既存的事实状态，自然也同时确认了荷兰对塔布坎王国和帕尔马斯岛的宗主权。

因此，我们需要认定荷兰满足了主权取得的相关条件。我们还需要断定美国作为西班牙的继承国是否提出了同等甚至更强的权源。该问题的答案是否定的。

若未得到《明斯特和约》和《乌特勒支和约》的确认，发现所创设的权源，即便给予其最有利和最宽泛的解释，也仅属于初步的权源，只构成通过有效先占确立主权的一种主张。初步的权源并不优于持续及和平的主权展示所创设的确定的权源。

作为领土主权基础的地理邻近权源并无国际法依据。

条约承认权源并不适用于本案，因为西班牙在 1648 年甚至并不“拥有和占据”桑吉国及其附属领土米昂格斯岛，他国基于《乌特勒支和约》所取得的权利将取代西班牙基于《明斯特和约》所获得的权利。如果存在关于帕尔马斯岛（米昂格斯岛）在 1714 年时实际占据状态的证据，此种证据也均仅支持荷兰的主张。但是，即便我们不能考虑《乌特勒支和约》，西班牙对 1677 年后的状态的默认也排除了它及其继任者在当今主张条约权利的可能性。

因此，荷兰通过在长时间内（可能追溯至 1700 年之前）进行持续、和平的国家权威展示所取得的权源至今仍然有效。

* * *

如美国所主张的，若荷兰根据该仲裁程序所适用的规则向仲裁庭提交的证据并不足以证明本国对帕尔马斯岛（米昂格斯岛）持
续、和平地展示了主权，我们仍能得出相同的结论。在这种情况 125
下，任何一方均未能证明本方对该岛的主权主张，仲裁员需要基于各方主张的权源的相对强弱做出裁决。

根据《仲裁协定》，仲裁庭也需要据此来解决问题。双方通过的关于仲裁员裁定争议的条件（第Ⅰ条）表明，仲裁员在本案中仅能将帕尔马斯岛（米昂格斯岛）判归美国或荷兰，它作为一个整体只能属于两个当事国中一方或另一方领土的一部分。根据1925年1月23日《仲裁协定》的序言，为了“终结”本争端，当事方显然不希望仲裁裁决以“事实不清”结案，仲裁庭无论如何应裁定该岛构成当事国一方或另一方领土的一部分。

《仲裁协定》的缔约方肯定预计到仲裁员可能基于各方主张的权源的相对强弱做出裁决，因为双方预计到其提交的关于争议岛屿领土主权的证据可能并不足以使仲裁员明确地判定争议岛屿的主权归属。

基于以上理由，我们不能推定美国作为西班牙的继任国提出的权源在国际法上并不具有优先性。因此，即便我们认可美国提出的如下主张，荷兰提交的支持本方请求的证据与争议岛屿并不相关，或未能证明荷兰对该岛持续展示了主权，它们也不构成我们做出有利于美国的裁决的充分理由。无论如何，即便仲裁员仅考虑最为可靠和足够准确的与帕尔马斯岛（米昂格斯岛）直接相关的证据，即拉夫号和艾迪号军舰、伍德将军分别于1895年、1898年、1906年造访该岛的情况，它们也足以证明存在荷兰行使国家权威的活动和外在的主权标识，如国旗和军服。

这些事实至少构成通过持续、和平的国家权威展示确立国家对某领土的主权的开端，或对不构成任何国家领土一部分的某岛屿实施先占的开始；而且，荷兰可据此创设初步的权源，并逐步将其完善为完整的主权。在仲裁员看来，这种初步的权源以国家权威展示为基础，优于通过发现创设的初步的权源，在后者已经空置了相当长的时间且当事国仍未通过有效占据加以巩固和完善的情况下更是如此；同样，初步的权源也优于以地理邻近为基础提出的任何主权主张。如其他法律一样，国际法亦旨在确保需要法律保 126
护的不同利益能够得以共存。就像本案所涉的情形，如果只能将争议领土的主权划归一方，两个相互冲突的利益中仅有一个能够胜出，那么前一种利益优先于后者，前者旨在为争议领土的居民维持既存的事实状态，并给其他国家的权利提供一定的保障，而后者即便假定它为国际法所认可，它也尚未获得任何具体形式的发展。

因此，假设帕尔马斯岛在《巴黎和约》生效时并不属于任何国家的领土，西班牙仅能割让它通过先占或依据地理邻近取得的权利。另一方面，他国之间缔结的条约并不影响荷兰对该岛拥有的初步的权源；而且，此类条约也不能增强荷兰为完善本国初步的权源而采取的行为的非法性，至少到 1906 年关于该岛主权争端发生前应当如此。

伍德将军在 1906 年 1 月 21 日访问帕尔马斯岛后所做的报告表明，荷兰在当地的国家权威加之外在的主权标识已经取得了如此大的发展，那么，应将维持这种现实状态的重要性视为优于某主张，该主张可能仅基于很久之前的发现行为而未进行有效的先占，或者仅基于争议领土的地理位置。

基于双方主张的权源的相对优势，即便仅考虑帕尔马斯岛主权争端发生之前较短时期内的有限证据，我们仍将得出上述结论。

如果考虑到——仲裁员认为也应考虑——旨在证明荷兰在 1700—1906 年期间未受挑战的、和平的主权展示证据，这些证据——如前所述——足以证明荷兰的主权，上述结论将具有更强的说服力。

基于以上理由，根据1925年1月23日《仲裁协定》第I条，仲裁员裁定帕尔马斯岛(或米昂格斯岛)作为一个整体构成荷兰领土的一部分。

1928年4月4日于海牙

马克斯·胡伯(Max Huber)，仲裁员

127 米歇尔斯·范·韦尔杜杨尼(Michiels Van Verduyenen)，书记官

索　　引

（“索引”部分所涉的页码均为原书页码，即本书边码）

图书在版编目(CIP)数据

国际法上的领土取得/(英)罗伯特·詹宁斯著;孔令杰译.—北京:商务印书馆,2021(2021.11 重印)
(汉译世界学术名著丛书)
ISBN 978-7-100-18084-9

Ⅰ. ①国… Ⅱ. ①罗… ②孔… Ⅲ. ①领土问题—研究 ②主权—研究 Ⅳ. ①D993.1 ②D992

中国版本图书馆 CIP 数据核字(2021)第 035561 号

汉译世界学术名著丛书
国际法上的领土取得
〔英〕罗伯特·詹宁斯 著
孔令杰 译

商 务 印 书 馆 出 版
(北京王府井大街36号 邮政编码100710)
商 务 印 书 馆 发 行
北 京 冠 中 印 刷 厂 印 刷
ISBN 978-7-100-18084-9

2021年4月第1版 开本 850×1168 1/32
2021年11月北京第2次印刷 印张 5⅞
定价:32.00元